厚德博學
經濟匡時

感谢华东政法大学资助此书出版

青年学者文库

农业转移人口城市住房保障制度研究

魏 玮 ◎ 著

Research on Urban
Housing Security System of
Agricultural Transfer Population

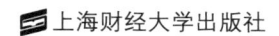

上海财经大学出版社

图书在版编目(CIP)数据

农业转移人口城市住房保障制度研究/魏玮著 . —上海：上海财经大学出版社，2021.6
(匡时·青年学者文库)
ISBN 978-7-5642-3715-8/F·3715

Ⅰ.①农… Ⅱ.①魏… Ⅲ.①农业人口-城市化-住房制度-社会保障制度-研究-中国 Ⅳ.①F299.233.1

中国版本图书馆 CIP 数据核字(2021)第 021287 号

□ 责任编辑　杨　闯
□ 封面设计　张克瑶

农业转移人口城市住房保障制度研究

魏　玮　著

上海财经大学出版社出版发行
(上海市中山北一路 369 号　邮编 200083)
网　　址：http://www.sufep.com
电子邮箱：webmaster@sufep.com
全国新华书店经销
江苏凤凰数码印务有限公司印刷装订
2021 年 6 月第 1 版　2021 年 6 月第 1 次印刷

710mm×1000mm　1/16　11.5 印张(插页:2)　160 千字
定价:58.00 元

引　言

从 20 世纪 80 年代中期开始,市场经济的快速发展和区域间经济发展资源的不平衡促成了我国大规模持续的经济型人口跨区域流动,农村劳动力开始大规模地进城务工,尤其是涌入经济发达的大城市。早在 2014 年中共中央和国务院联合发布的《国家新型城镇化规划 2014—2020 年》中就提出"有序推进农业转移人口市民化"。在十九大报告中强调"加快农业转移人口市民化",推进农业转移人口市民化成为我国新型城镇化建设的首要任务。近年国家更从农地权益流转、城市保障房供应、财政拨款等方面予以全方位政策支持,鼓励有能力在城镇稳定就业和生活的农业转移人口举家进城落户。2016 年 8 月国务院印发的《关于实施支持农业转移人口市民化若干财政政策的通知》从维护进城落户农民土地承包权、宅基地使用权、集体收益分配权依法自愿有偿转让的角度,切实提出了促进有能力在城镇稳定就业和生活的常住人口有序实现市民化的路径。2018 年在中共中央和国务院印发的《乡村振兴战略规划(2018—2022 年)》中再次重申"加快农业转移人口市民化"战略的长期性及重要性。住房问题是农业转移人口市民化的重要体现和保障,农业转移人口在城市中可以接受短暂的失业但却不能一日无安居之所。为了增强研究的可比性和延续性,本书中的农业转移人口是指已从农村转移到城镇就业生活但户籍仍在农村的流动人口,在一些研究文献中也称为乡城流动人口。① 相应的城城间转移人口,是指跨区域流动的城市户籍人口。"新生代"农业转移人口在早期研究中通常被定义为在1980年及以后出生的农业转移人口,相应的"老一代"农业转移人口是指在1979年及以前出生的农业转移人口。近年,随着"90后"农村青年大量流入城市务工,"90后"新生代农业转移人口在城市中的居住环境也日益成为学者们关注和研究的热点。如非特别说明,本书所指的新生代农业转移人口界定为1980年及以后出生的农业户籍流动人口。

农业转移人口已成为我国新型城镇化建设中一支不可或缺的新型劳动大军。2017年我国农业转移人口总量为2.86亿人,占城镇就业人口的67.5%。其中,新生代农业转移人口总量为1.45亿人,占全国农业转移人口总量的50.5%。住房问题是农业转移人口在城市生活中所面临的最基本和最严峻的问题之一。近年来,城镇房价不断攀升,虽然国家出台多项政策试图放缓房价上涨,但是有限的住房支付能力及住房保障制度的有待完善使得农业转移人口在城市中的住房环境依旧恶劣,严重滞缓了新型城镇化及农业转移人口向"市民化"的转化进程。了解农业转移人口定居意愿及现实障碍已成为改善农业转移人口城市居住环境、推进新型城镇化进程的重要前提和迫切需求。

在农村,基础性住房保障权通过宅基地制度实现。在城市,基础性住房保障权通过住房保障制度来实现。由于农业转移人口群体的流动范围大、工作地域不稳定、信息采集难度高等种种原因,目前我国只有零星的城市或区县对农业转移人口住房保障问题进行了初步的探索和尝试(如上海嘉定区、长沙、重庆等地集中建造或改造的农业转移人口公寓,湖州市将符合条件的农业转移人口纳入住房公积金体系等)。

尽管我国《住房保障法》的起草在2008年已被列入全国人大常委会立法规划,在2014年,《城镇住房保障条例(征求意见稿)》就已发布,并明确说明"在城镇稳定就业的外来务工人员是城镇经济社会发展的重要力

---

① 本书侧重于研究跨地域农业转移人口,不包括因为拆迁而从农户转为非农户的就地农业转移人口。

量,城镇住房保障范围包括城镇家庭和在城镇稳定就业的外来务工人员"。然而在国务院2017年的立法工作计划中,由住房和城乡建设部起草制定的《城镇住房保障条例》仍位列其中,经历了较长时间的酝酿至今还未正式出台。并且,从目前已形成的《城镇住房保障条例(征求意见稿)》来看,尽管将外来务工人员也包括其中,但是在具体的保障房分配、补贴标准、腾退等方面并没有针对农业转移人口的住房居住特征和支付能力,进行专门的差异化的住房保障相关法律条例设计和说明。城镇住房保障条例之所以经历了较长时间的酝酿还未出台,很重要的一个原因就是城镇化速度过快,新增困难人群,特别是高流动性的外来务工人群与原有本地户籍住房困难人群相互叠加,使得城镇住房保障范围边界和补贴标准不断变动,进一步加剧住房保障立法工作的推进压力。农业转移人口迫切希望定居城市和改善其在城市居住环境的意愿与农业转移人口住房保障法律建设的缺失形成鲜明对比,成为农业转移人口融入城镇的最大障碍之一。

任何制度在设计中的漏洞和执行过程中的偏差都会影响社会资源分配的效率与公平。住房保障资源具有稀缺性,应保而未尽保,各地住房保障政策的制定具有区域异质性,我国特大城市、超大城市、大型城市与中小城市之间对农业转移人口的保障措施各有哪些特点?国外许多发达和发展中国家对城市移民的住房保障已经实施有百余年历史,从制度的历史变迁和现行架构中,对我国农业转移人口住房保障制度建设有哪些失败和成功经验可借鉴?在农业转移人口代际转换进程加快的背景下,"新—老"农业转移人口在务工城市的租购选择、租金负担和购房负担差异度如何,什么因素对其有着显著性影响并加剧了代际间的住房差异度?在资金和土地资源有限的情况下,如何针对农业转移人口的住房需求差异,提供更为精准的住房保障措施?这些一直都是近年理论界和实务界所困惑和不断探索的研究领域。

本研究将微观经济学、计量经济学、城市经济学、博弈论等学科的研究方法拓展运用于农业转移人口保障性住房制度的构建中,对农业转移人口代际住房需求特征差异、租购房支付能力、保障方式与保障制度衔接等方面进行系统性地框架设计和实证研究分析,试图客观全面地分析解决以上问题。本书的数据及模型测算成果,可以为宏观管理部门在宏观上把握农业转移人口的保障水平及保障力度提供参考依据,提升我国住房保障制度的运行效率、资源利用效率和政府管理效率;本书的住房保障制度框架设计成果,有助于统筹农业转移人口住房保障资源代际之间的分布,优化城市住房供给结构,提升城市吸引力和居民福利水平,为城市未来创新发展注入永续动力。本书研究成果对于促使城乡住房保障体系的有效对接,增强住房保障法规实施的民生性,具有较强的理论和实践意义。

目 录

引言/001

第一章 国内外研究现状述评/001
  (一)国外相关研究进展与述评/001
  (二)国内相关研究进展与述评/003

第二章 农业转移人口住房保障的理论基础框架/007
  (一)农业转移人口迁居决策中的"成本—收益"模型/007
  (二)不完美信息市场中农业转移人口购房分离均衡模型/009
  (三)信贷约束条件下的农业转移人口购房决策模型/010
  (四)多方利益主体间的博弈模型/013

第三章 我国农业转移人口规模结构、定居意愿与居住条件分析/019
  (一)我国农民工总量与结构变迁路径/019
  (二)我国农业转移人口居住状况分析/029
  (三)农业转移人口居住现状与定居意愿专项调研分析/033

第四章 各典型城市农业转移人口住房保障模式比较分析/039
  (一)超大城市的住房保障体系——以上海、北京为例/040
  (二)特大城市的住房保障体系——以重庆、成都、西安为例/053
  (三)大城市的住房保障体系——以长沙、南宁为例/059
  (四)中等和小型城市的住房保障体系——以湖州、嘉兴为例/064

(五)不同级别城市间农业转移人口住房保障体系比较/066

第五章　国外城市移民的住房保障模式比较与借鉴/069
　　(一)美国对城市移民的住房保障模式/070
　　(二)英国对城市移民的住房保障模式/076
　　(三)德国对城市移民的住房保障模式/081
　　(四)新加坡对城市移民的住房保障模式/083
　　(五)新西兰对城市移民的住房保障模式/087
　　(六)国外对城市移民住房保障模式比较与启示/090

第六章　农业转移人口留居与购房意愿的区域异质性的实证
　　　　分析/093
　　(一)农业转移人口长期留居意愿的量化分析:基于全国与上海的比较/093
　　(二)农业转移人口本地购房意愿的量化分析:基于全国与上海的比较/103
　　(三)农业转移人口租购房选择的量化分析:基于全国与上海的比较/106

第七章　城乡户籍差异视角下流动人口租购房选择的实证分析/110
　　(一)理论分析与研究假设/110
　　(二)实证模型选择与数据说明/111
　　(三)实证分析与结果讨论/114

第八章　代际差异视角下农业转移人口租购房选择的实证分析/119
　　(一)实证模型选择/120
　　(二)数据来源与变量选择/122
　　(三)变量统计性描述——基于"新—老"农业转移人口的对比/124
　　(四)农业转移人口租购选择模型实证分析——基于"新—老"农业转移人口的
　　　　比较/125
　　(五)租购房选择代际差异的Fairlie差异分解结果/128

第九章　农业转移人口租房负担代际差异的实证分析/130
(一)研究假设/130
(二)线性回归模型和Oaxaca差异分解法/131
(三)数据来源与变量解释/132
(四)农民工租金负担的实证分析:基于"新—老"农民工的比较/134
(五)"新—老"农民工房租负担的Oaxaca组间差异分解结果/139

第十章　农业转移人口购房负担代际差异的实证分析/141
(一)数据来源、模型与变量选择/141
(二)购房负担代际差异的实证分析/143
(三)农业转移人口购房负担的Oaxaca组间差异分解结果/148

第十一章　农业转移人口住房保障制度构建/150
(一)农业转移人口住房保障制度设计总则/150
(二)农业转移人口住房保障准入与退出的机制构建/152
(三)农业转移人口住房保障补贴制度构建/156
(四)农业转移人口住房保障的建设、管理、监督制度构建/161
(五)提升农业转移人口城市融入水准的配套制度建设/162

参考文献/164

附录/170

第一章　国内外研究现状述评

(一)国外相关研究进展与述评

国外虽没有与农业转移人口完全相同的概念,但在许多国家快速城市化阶段,快速涌入发达城市的移民工人(Migrant-Workers)、贫民窟居民(Slum-Citizens)这类城市移民群体都与其存在较强的类比性,本书拟将相关国外研究应用到与我国农业转移人口的对比研究中,相关研究主要集中在以下几方面:

1. 住房保障的基础理论研究

目前本领域运用较广泛的理论模型包括:住房过滤模型(Sweeney,1974;McDonald,1999;Rosenthal,2014)、住房互换理论(Wingo,1946;Alonson,1999;Guo & Bhat,2007)、价格租金模型(Mills & Hamilton,1984;M. Goldberg,1984;Westendorff,2007)、住房梯级消费理论(Hanushek et al.,1998;Ortalo-Magne & Rady,2006;Partridge et al.,2009;Banks et al.,2010)、住宅消费连续性理论(Kamete,1998;Ramsey,2002;Buitelaar & De Kam,2012)。

2. 人口流动驱动因素与空间分布研究

E. G. Ravenstein 在 1880 年所发表的题为"人口迁移规律"的论文中,首次提出了人口由农村向城市流动、向工商业发达区域流动、向大城市流动等七大规律。D. J. Burge(1969)提出人口流动学上最著名的宏观理论模型:"推—拉模型"。经济学家刘易斯(W. A. Lewis)于 1954 年和

1958年构建的农村剩余劳动力流动的二元结构模型对解释我国农村劳动力转移动力问题具有良好的借鉴意义。McGee(1971)认为人口区域间流动本质上是由劳动力供需的空间差异所引起的,他强调资源禀赋的空间差异会导致劳动力由低收入地区流向高收入地区。学者们从早期侧重城市移民安置区域概念界定、分类及分布特征等研究(Turner & F. C. John,1968;Sarkissian,1976;Wilson,1987),到后期发展为侧重影响因素、形成机制的互动研究(Cole & Goodchild,2001),着重揭示在经济重构和社会转型背景下的人口流动与城市贫民窟形成之间的关系。Timo Mitze 和 Torben Dall Schmidt(2015)运用劳动力市场和住房市场的数据,构建了包含区域人口净迁移率、相对收入水平和失业率等变量的模型来模拟一个小型劳动力市场系统。研究证实劳动力流动、集聚经济、流动驱动型收入变动以及初始区域禀赋之间存在累积因果关系。Kuricheva 等(2018)证实移民迁入的驱动因素包括区域经济集聚化和"泛城市化"发展模式,新房供应量与流动人口的净迁入量之间存在着一个均衡比率。

3. 住房保障补贴方式与效率比较

保障性住房的补贴政策主要有供给方补贴和需求方补贴两种。有关两种补贴方式的优劣问题一直是学者们讨论的核心。Gladwell(2006)、Cunningham(2011)等研究结果表明,政府为城市移民提供过渡性质的需求方实物住房补贴所花费成本要低于其他的补偿方式。Diacon & D. Ben Pattison 等(2008)以欧盟国家涌入的英国外来务工人员为研究对象,强调政府需加强实物住房补贴的可选择性并提高建筑质量标准。在经适房与廉租房的补贴方式比较中,多数研究(Cunningham,2009;Kuhn & Culhane,1998;Shinn,Baumohl & Hopper,2001;Khadurri & O'hara,2007)显示经政府资助获得自有产权住房的人群福利水平和幸福指数会大大提升。Rockwooda 和 Quang(2016)认为在政府的低息贷款计划激励公共住房建设的同时,需制定具体的公共住房的设计标准,公共住房的建造需综合考虑居住地理环境、经济承受能力、环保节能、居住舒适性、可持续性和复原能力等原则。

4. 保障性住房政策实施策略

国外学者们将政府在住房政策中的角色归为三种类型,即雏生型、社会型和全面责任型(Malpass & Murie,1994;Hanman & Quigley,1991)。Miles(2003)系统地研究了美国联邦政府、州政府在鼓励可支付住宅的开发与建设中所实行的公共政策。Eriksen 和 Rosenthal(2010)的研究发现,美国的低收入家庭税收减免计划(LIHTC)项目对公租房的影响轻微,但对非补贴性的市场出租住宅存在着很大的住房挤出效应。Zhu 等(2017)使用 IV Tobit 模型证实,相较于同规模的城市,居住在城镇化程度高的农村的农业转移人口可以在获得良好工作机会的同时减少通勤距离和时间,并且有必要为农业转移人口提供专门的保障性住房。

(二)国内相关研究进展与述评

大量进城务工人员在城市中"居无定所"所引发的城市问题,已逐渐引起专家和学者们的关注。但是目前的住房保障政策普遍覆盖,并没有区分农业转移人口、城市间转移人口、本地市民在资源禀赋、留城意愿、住房需求方面的差异性并给予相应的制度安排,在现行的住房保障制度下,农业转移人口往往处于保障资源申请环节中的弱势地位。有关农业转移人口的住房保障政策的针对性、过渡性和不完整性较为明显,相关研究明显滞后于农业转移人口对城市住房保障制度的现实需求。目前的国内研究主要集中在以下几方面:

1. 农业转移人口住房消费特征代际差异研究

伴随着老一代农业转移人口归巢返乡,新生代农业转移人口逐渐成为乡城流动人口的主体,在农业转移人口代际间转换加速的背景下,学者们逐渐开展农业转移人口的内部分化和代际差异方面的研究。政府部门及学者们从代际分析的视角(国家统计局,2010;中华总工会,2011;宛恬伊,2010;杨琦和姚钧,2011;陈亚辉,2013;赵鹏程和汪玲,2017)考察新生代农业转移人口与老一代农业转移人口在城市的住房消费的异同点,一系列研究结果表明老一代农业转移人口普遍有强烈的乡土情结和城市过客心态,"在城镇赚钱,回家消费"的观念深入人心,在务工地的住所狭小破旧属于"将就型"。而新生代农业转移人口其租住的房屋类型和房屋设施普遍优于老一代农业转移人口,倾向于"市民化"的住房消费观念,甚至有少部分新生代农业转移人口在城市中的日常消费超过其收入水平,需要同在城镇务工的父辈资助,存在"提前消费"和"过度消费"的现象。刘保奎(2014)基于北京外来农业转移人口住房状况调查问卷分析认为"新生代"农业转移人口对居住条件有较高期望,住房支出预算相对较高,区位上对中心城区更加向往。在政策制定上要充分考虑到农业转移人口住房需求分异及其产生的后果。新生代农民工城市居留意愿强于老一代,住房属性对新生代农民工城市居留意愿的影响较大(杨巧和李鹏举,2017)。李君甫和齐海岩(2018)基于2014年全国流动人口监测专题数据,采用多元Logistic回归分析结果也同样证实农业转移人口购房建房区位选择意向存在着代际差异。尽管新生代农业转移人口更倾向于长期留在务工地,但由于购房能力不足,新生代农业转移人口不得不更多地选择回乡购房或回乡建房。新生代流动人口租住私房的比例更高(王宗萍和邹湘江,2013),随着新生代农业转移人口步入婚育高峰期,会产生大量独立租房和购房的现实需求(杨菊华,2018)。老一代农业转移人口感知住房困难,为建/买不起房而焦虑的比例显著高于新生代农民工(张黎莉和严荣,2019)。

2. 农业转移人口定居城市障碍因素分析

学者们(陈秉公,2007;胡福光,2010;张志胜,2011;唐宗力,2015)认为城乡二元结构、低收入水平、城市居民的偏见、农村宅基地等土地产权改革等因素都是阻碍农业转移人口定居城市的主要障碍。冯长春和陈春(2011)构建Probit和Logit模型的估计结果显示,住房状况对重庆市农业转移人口留城意愿的影响最大。夏显力等(2012)以西北四省新生代农业转移人口的实地调查数据为依据,运用Logistic回归方法进行实证分析,结果显示性别、受教育程度、工作单位性质、对居住条件的满意程度、对城市青年的态度和户籍制度对新生代农业转移人口定居城市的意愿有显著影响。陈杰等(2016)基于2014年计生委长三角地区流动人口动态监测数据的实证研究表明：长三角地区三、四线城市目前的产业结构对跨省流动的新生代农业转移人口吸引力不足，国内城市分工体系在一定程度上削弱了"新生代"农业转移人口在小城市定居的意愿。祝仲坤（2017）基于2014年流动人口动态监测调查数据，利用Bioprobit模型和CMP方法控制潜在的内生性问题，系统考察了住房公积金的缴存对新生代农业转移人口留城意愿的影响。研究表明，住房公积金制度可使新生代农业转移人口的留城意愿显著提升5.3%，这一结论在加入控制变量和地区虚拟变量后依然成立。张路、龚刚和李江一（2016）基于CHFS 2013微观数据运用二元Probit模型研究证实无法获得当地城市户籍会从根本上抑制移民家庭的住房需求。邹一南（2017）在构建户籍管制强度指标的基础上，运用Probit模型对2014年卫计委流动人口监测数据的实证分析发现，城市户籍管制的放松不仅可以显著提升外来人口在城市的购房概率，而且能使外来人口拥有城市住房的平均年龄提前。高帅和史婵（2019）运用2015年流动人口动态监测数据，结合"推拉理论"分析流动人口长期迁移意愿，研究结果表明城镇拉力对新生代流动人口的作用更强，城镇推力对老一代流动人口的效果更明显，城镇推拉力因素共同促成农业转移人口"年轻进城，年老返乡"的局面。

3. 农业转移人口住房保障政策选择研究

贾康（2008）、高波（2010）等学者强调构造多渠道的住房保障资金筹集机制，完善分层次住房保障体系是解决外来务工人员住房保障的重要内容。郑尚元（2010）认为农业转移人口按教育程度、居住期限、雇用期限、职业技能水准等要素进行身份区分是建立农业转移人口住房保障制度的前提。成思危（2007）建议廉租房应逐步覆盖在城市打工两年以上的农业转移人口。吕萍、甄辉和丁富军（2012）对我国31个省（直辖市、自治区）数据的实证模拟提出构建差异化农业转移人口住房政策的设想。金萍（2012）建议向新生代农业转移人口提供适度倾斜的公租房政策。对于骗购保障性住房的违法行为，韩客庆和林欣蔚（2015）通过构建Probit模型的方法发现：农业转移人口对于住房保障政策了解不够，同时地方住房保障政策对本地人有所倾斜。他们提出应该加强对农业转移人口住房保障政策的普及，鼓励企业对农业转移人口住房公积金的缴纳。研究显示住房成本占农民工市民化成本的比重过半（张俊和肖传友，2018；王志章和韩佳丽，2015），已成为制约我国新型城镇化进程的主要原因。倪建伟和桑建忠（2016）从消费者住房市场行为完整周期和不同类型出发，立足于完全成本视角，建议"新生代"农业转移人口可通过租房为主的居住方式实现"低成本城镇化"。

总体来看，国内有关农业转移人口的住房保障研究发展近十余年，早期偏重于定性研究，近年的量化研究方法逐渐增多。而专门针对农业转移人口的住房保障研究尚属刚刚起步，研究角度和内容碎片化，不足之处主要体现在以下几个方面：(1)缺乏对新、老农业转移人口群体结构性差异以及住房消费特征差异等基础性问题的充分认识；(2)缺乏对国内不同规模城市开展的外来务工人员住房保障准入门槛和补贴标准等现实问题的充分总结，以及对国外安置城市移民成功经验的对比借鉴；(3)缺乏对农业转移人口租购房决策、租房负担、购房负担的系统性量化研究。也正是由于目前对上述问题研究得不够充分，因此未能解决各级政府财政预算约束下的农业转移人口住房保障补贴方式差异化选择、农业转移人口与城市居民住房保障资源利益协调机制、宅基地使用权流转与城乡住房保障制度对接等有关农业转移人口住房保障的根本性问题，而这些正是本书研究的切入点和价值所在。

第二章 农业转移人口住房保障的理论基础框架

农业转移人口住房保障制度的实质是为弥补市场失灵而实行的政府对市场的干预,有效的农业转移人口住房保障法律制度设计可以在兼顾效率的同时节约交易成本。在农业转移人口住房保障制度的构建过程中尝试以制度经济学、城市经济学、微观经济学等主流经济学理论为依据,更有利于合理分配保障房共有产权各主体的法律权利和经济利益,深入探讨保障性住房资源的归属和利益分配问题,解决在城市住房市场中处于弱势地位的新生代农业转移人口群体与老一代农业转移人口、"城—城"间转移人口、本地市民共享住房保障资源的利益平衡问题。

(一)农业转移人口迁居决策中的"成本—收益"模型

"成本—收益"分析(Cost-Benefit Analysis,Richard Allen Posner,1973)是制度经济学最根本的分析方法之一。考察农业转移人口迁居决策的动因分析有助于估量各城市对外来务工人员的吸引力,预测未来农业转移人口的导入规模和需要匹配的住房保障资源。新古典经济学将乡城迁移视作一种人力资本投资,在理性人假设前提下,他们认为影响农业转移人口个体微观迁移决策的内在动因是对迁移成本和迁移收益的比较,即迁移净收益。当农业转移人口个体的预期净收益为正,就会发生农村人口向城市的流动。Shculzt(1990)提出人口迁移的"成本—收益"理论,认为迁移决策能否最终达成取决于人们对迁移成本和迁移收益的比较,理性经济人只有在迁移收益大于迁移成本的情况下才会做出迁移决策,否则将不会选择进行迁移。Coase(1937,1960)以交易成本最小化作为制度设计的约束条件,Shculzt 将迁移成本划分为直接成本和间接成本两部分:直接成本是指在迁移决策过程中产生的信息搜集费用以及迁移进城后住房、生活消费等支出;间接成本是指迁移的机会成本和新环境适应成本。迁移收益则是指迁移后通过变换工作或其他方式所得到的预期收入,对收益的追求是农业转移人口迁居城市的最主要驱动力,成本与收益比较是迁移决策产生的基本依据。当运用该分析方法进行迁居地的多方案比较时,通常可以制定三个筛选标准:(1)在迁移成本相同的情况下,比较收益的大小;(2)在迁移收益相同的情况下,比较成本的大小;(3)当成本与收益均不同时,用成本与收益的比例或变动关系来确定最优方案。

托达罗模型(Todaro,1969)是基于"成本—收益"角度研究发展中国家劳动力迁移的经典模型,在乡城迁移研究领域长期占据重要地位。托达罗人口流动模型有着很强的理论假设条件,迁移模型的建立是在市场经济条件下进行的,假设没有制度障碍,城乡生活成本相等。模型认为农业转移人口迁入城市取决于城乡预期收入差异,差异越大,农业转移人口的迁入倾向更为明显,流入城市的人口数量就越多。托达罗模型的基本表达式为:

$$M=F(V), F'(V)>0 \qquad (2-1)$$

$$V=\int_{t=0}^{n}[P_t Y_{ut}-Y_{rt}]e^{-rt}dt-C \qquad (2-2)$$

其中,M 代表从农村导入城市的农业转移人口数量,V 为城乡收入差异,P 为城市就业率,Y_u 为城市的平均收入水平,Y_r 为农村的实际收入水平。$F'(V)>0$ 表示"新生代"农业转移人口流入城市的数量是城乡预期收入差异的增函数。

需要指出的是,尽管基于"成本—收益"的迁移分析是建立在理性经济人假设之上,但是农业转移人口的迁移决策模型中会受到资金约束和制度供给约束,许多决策因子是信息不对称的,新生代农业转移人口在城乡迁移、定居决策过程中还存在着认知分歧、群体影响及认知偏差等现

象。因此,本书尝试将更多的影响迁移净收益的决策因子纳入传统的托达罗模型中,对托达罗劳动力迁移模型进行拓展:

$$V = \sum_{t=1}^{n} e^{-rt} [P_t N_{ut} Y_{ut}(1+\mu) - N_{rt} Y_{rt} - C_{ut} - C_{rt}] \quad (2-3)$$

改进的"成本—收益"迁移决策模型中引入了更为丰富的新变量:考虑到农户在进行劳动力配置时,可能把部门劳动力配置到农村的农业或非农业部分,再将剩余劳动力配置到城市部门。因此,在拓展模型中,收入分为农村劳动力预期总收益 $N_r Y_r$ 和城市劳动力预期总收益 $N_u Y_u$,消费成本也分为农村生活总成本 C_r 和城市生活总成本 C_u,其中城市生活总成本 C_u 包括日常生活和居住开支、找寻工作的成本、举家迁移的农业转移人口家庭中小孩的养育和老人的赡养费用等。考虑到农业转移人口在城市中的工作稳定性较差,可能会存在短期内待岗或失业的状态,所以在城市收益中增加了就业概率变量 P_t。不同城市的开放程度不同,农业转移人口所面临的落户门槛、社会保障门槛、住房公积金制度约束各有不同,$\mu(0<\mu<1)$ 为流动家庭获得城市公共服务的可能性,μ 越大代表流动家庭越容易与市民共享社会服务和保障,μ 越小代表流动家庭获得公共服务和社会保障的可能性越低。

(二)不完美信息市场中农业转移人口购房分离均衡模型

假定在一个信息不完美的住房市场中,外来务工人员作为潜在购房者的真实购房能力为 T_i^j,售房者无法直接观测到流动人口的真实购房能力,只能依据流动人口或中介所提供的关于潜在购房者的收入、教育背景、工作、信用等证明来获得关于农业转移人口购房能力的信号 T_i^{j*}:

$$T_i^{j*} = T_i^j + u_i^j \quad (2-4)$$

其中 j 为农业转移人口标识,当个体 i 为农业转移人口时 $j=0$,当个体 i 为当地市民时 $j=1$。u_i^j 为独立于 T_i^j 且服从标准正态分布 $(0, \varepsilon_j^2)$ 的随机扰动项,$\mathrm{Var}(T_i^0) = \mathrm{Var}(T_i^1)$。在完美信息市场中,市场均衡条件是售房者的出价与购房者能力相匹配。在不完美信息市场中,市场均衡条件转变为基于售房者与购房者之间传递信号值 T^* 的一种分离均衡,在完全竞争的住房市场中,农业转移人口和当地市民达到分离均衡的状态：

$$P_i^j = E(T^j) + \frac{\text{var}(T^j)}{\text{var}(T^j) + \text{var} u^j}[T_i^{j*} - E(T^{j*})] \quad (2-5)$$

(三)信贷约束条件下的农业转移人口购房决策模型

此部分基于对传统跨期消费模型的拓展,来阐释受城市金融资源约束的前提下,在住房市场均衡状态下,农业转移人口在当地的购房决策受到哪些因素的影响。本研究的重要理论假设之一就是"理性选择理论",即认为农业转移人口群体也属于"理性的经济人",他们在当地购房的选择完全是基于自身利益或效用最大化的考量。

住房不同于一般消费品之处在于,住房具有抵押价值,消费者可以通过"首付+房贷"的形式提前进行住房消费。在本书的最优跨期消费模型中,基于住房兼具消费品与抵押品的双重属性,房贷杠杆约束的松紧度会使得代表性农业转移人口家庭对一般消费品和住宅的消费时间路径发生改变。为此设定代表性农业转移人口家庭最大化跨期消费效用函数如下：

$$V_0 = \max E_0 \sum_{t=0}^{\infty} \alpha^t U(C_t, H_t) \quad (2-6)$$

其中 $\alpha \in (0,1)$ 为消费者主观贴现因子。为了进一步与实际情况相吻合,模型假设代表性农业转移人口家庭除了房产之外还持有一项无风险的金融资产 A,这与 Prado(2004) 和 Lastrapes(2000) 的设定相似。代表性"新生代"农业转移人口家庭的动态预算约束条件为：

$$C_t + R_{Bt-1}B_{t-1} + A_t + P_t H_t + \eta B_t = Y_t + R_{At-1}A_{t-1} + (1-\delta)P_t H_{t-1} + B_t \quad (2-7)$$

公式(2-7)左边表示第 t 期各类资金运用项：一般消费品支出 C_t、住房抵押贷款债务本息总额 $R_{Bt-1}B_{t-1}$(其中,抵押贷款本息率 $R_{Bt-1} = 1 + r_{Bt-1}$,抵押贷款利率 $0 < r_{Bt-1} < 1$)、配置金融资产价值 A_t、拥有房产

价值 P_tH_t，以及由金融市场摩擦所引致的交易成本 ηB_t[①]，包括申请房贷的信息搜寻成本、签约成本等。其中 $\eta(0\leqslant\eta<1)$ 为金融市场摩擦系数，它与信贷市场信息不对称程度及市场分割程度成正比例关系，是对金融中介发放贷款的风险溢价的补偿。公式(2—7)右边表示第 t 期各类资金的来源项，包括：农业转移人口家庭收入 Y_t、上期配置的金融资产 A_{t-1} 到第 t 期的总收益 $R_{At-1}A_{t-1}$（其中，金融资产上期总收益率 $R_{At-1}=1+r_{At-1}$，金融资产上期收益率 $0<r_{At-1}<1$）、上期所持有的住房折旧到第 t 期时的剩余价值 $(1-\delta)P_tH_{t-1}$，以及获得的房贷资金总额 B_t。

模型假设代表性农业转移人口家庭在做出购房决策时会使用抵押贷款，由此引入房贷的杠杆约束条件[②]：

$$B_t=\theta_tP_tH_t \qquad (2-8)$$

其中，θ_t 表示代表性农业转移人口家庭从信贷部门获得的住房抵押贷款占房屋总值的比例，即房贷杠杆率。当 θ_t 值普遍性上升时，意味着金融市场上的房贷杠杆约束条件放松。需要指出的是，传统的房贷杠杆约束方程将杠杆率设置为固定值 θ（如 Lastrapes，2002；Iacoviello，2005）。考虑到作为我国住房首付比会随着政策的出台而产生时序上的波动，因而将杠杆率设置为 θ_t，但此处并不试图将其进行内生化处理。在这种情况下，农业转移人口所面临的房贷约束条件不仅与抵押品价值有关，还与外生调控政策冲击引发的房贷杠杆率变动有关。

引入拉格朗日算子 λ_t 得到以下 Euler 方程：

$$a^tU_c(C_t,H_t)=\lambda_t \qquad (2-9)$$

$$\frac{\lambda_{t+1}}{\lambda_t}=\frac{1}{R_{At}} \qquad (2-10)$$

$$\alpha^tU_H(C_t,H_t)=\lambda_t[(1-\theta_t)+\theta_t\eta]P_t+\lambda_{t+1}[\theta_tR_{Bt}P_t-P_{t+1}(1-\delta)] \qquad (2-11)$$

[①] 此处与 Song(2011)、陈健等(2012)的设定相似，但本书的交易成本不仅与房屋总值有关，也与房贷杠杆率的高低有关，房贷杠杆率越高，交易成本则越大。

[②] 尽管该信贷约束条件可以放宽至 $B_t\leqslant\theta_tP_tH_t$，但考虑到我国非借款类购房融资渠道较少，采取闭合的信贷约束条件更加符合实际。

联合式(2—9)—式(2—11)的 Euler 方程,消除拉格朗日算子,可得一般消费品和住房间的最优时间路径：

$$\frac{U_H}{U_C} = P_t\left[(1-\theta_t) + \theta_t\eta + \frac{\theta_t R_{Bt}}{R_{At}} - \frac{(1-\delta)\dot{P}_{t+1}}{R_{At}}\right] = P_t \cdot \omega_t \tag{2—12}$$

其中,$\dot{P}_{t+1} = \frac{P_{t+1}}{P_t}$。在式(2—12)所描述的最优时间路径下,非耐用品消费和住房间的边际替代率等于住房持有成本(User Cost of Housing)。ω_t 为家庭预算约束线的斜率,用以反映多增加1单位住房,并在最后一期将其出售所需放弃的非耐用品消费量。ω_t 可分解为四项:第一项$(1-\theta_t)$可视为自有资金购房成本;第二项$(\theta_t\eta)$是由金融市场摩擦所导致的获取贷款的交易成本,θ_t 越高贷款风险溢价越多;第三项$(\theta_t R_{Bt}/R_{At})$表示房贷机会成本的现值,即每期的还贷额用于购买金融资产的潜在最高价值;最后一项为未来房产增值的折现值。

由于新增住房供应面积 e_t(保障房与商品房的总和)与房价 P_t 成正比例关系(Miles,1994;Lastrapes 2002),此处引入房地产供给方程式以构成完整的房地产市场局部均衡系统：

$$e_t = H_t - (1-\delta)H_{t-1} = \phi P_t, \phi > 0 \tag{2—13}$$

需求方程式(2—12)和供给方程式(2—13)共同刻画了房地产市场的局部动态均衡系统。外生的冲击会通过改变住房持有成本打破系统的初始稳态点 $A(H_{0A}, P_{0A})$。因为在任一时点上住房市场存量 H_{0A} 为常数,通过式(2—12)可知,假如外生性冲击使得住房持有成本下降,住房需求上升会使得房价骤升至 P_{0B}。正如许多包含理性预期的资本市场模型一样,该房地产局部均衡模型也同样具备"鞍点稳态"(Saddlepoint Stability)的特性。[①] 一旦稳态被打破,房价会从峰值点 P_{0B} 沿着一条向下倾斜的并且唯一的鞍点路径 EE' 到达新的稳态点 P_{0C}。无论是在住房存量还

[①] 有关该模型存在鞍点稳态的详细论证可参见 Begg(1982)、Sheffrin(1983)和 Poterba(1984)。

是房价水平上,新的房地产市场均衡稳态点 $C(H_{0C},P_{0C})$ 均高于受冲击前的初始稳态点 $A(H_{0A},P_{0A})$ (见图 2.1)。

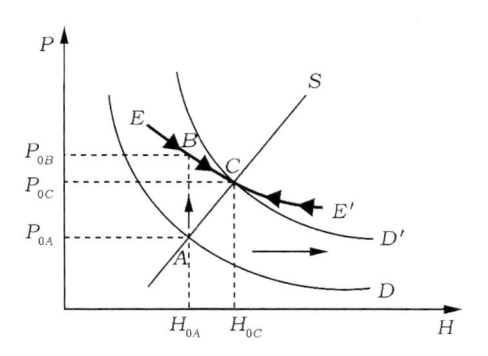

图 2.1 房地产市场局部动态均衡示意图

(四)多方利益主体间的博弈模型

博弈论适合于分析法律等非市场制度安排,在特定的法律关系中,任何一方当事人的行动选择既受到自身因素的影响,也受到其他当事人行为的影响,而博弈论的最终均衡解既包括自身条件约束函数,还包括博弈其他参与者的行为函数。既定的法规制度下行为人之间的行为互动可以归结为博弈均衡解。博弈论将所有博弈参与人的决策考虑在内,实现个人利益的最大化,是解决个人理性与集体理性间冲突的有效分析工具。

1. 保障房申请者与政府间的互动公平博弈

互动公平思想的早期创始人是 Kahneman 和 Rabin。它是指博弈中的特定主体不仅注重于自身利益,同时也关注相关利益主体间的公平与互动。农业转移人口住房保障制度的建设、管理和监督是一个包含中央政府、地方政府和农业转移人口等多方利益主体的博弈过程。假如政府依据不充分、不真实或错误信息制定规章、利用手中权力寻租、潜在被保障对象虚报经济与资产状况以骗取更多的住房保障资源等情况充斥于整个住房保障资源配置过程中,就会使得住房保障项目的总体福利水平因为非公平程度的增加而下降。Kohler(2003,2005)的互动公平综合博弈模型在兼顾社会公平的前提下追求总体福利水平的最大化,最终得出的各博弈参与主体在特定的博弈环节下的均衡策略选择与法经济学兼顾公平与效率的学科思想相吻合,适用作为农业转移人口住房保障项目社会价值的评价准则,Kohler(2003,2005)的评价公式为:

$$U_i = V_i + \lambda_i \sum_{j \neq i} V_j - \frac{a_i}{N-1} \sum_{j \neq i} \max(V_j - V_i, 0) - \frac{\beta_i}{N-1} \sum_{j \neq i} \max(V_i - V_j, 0)$$

(2—14)

其中,U_i 代表第 i 个博弈参与者的策略价值,N 代表博弈参与者数量,V_i 代表第 i 个人的物质利益,λ_i 代表第 i 个博弈参与者对社会总体福利的关心程度。$0 \leqslant \lambda_i \leqslant 1, 0 \leqslant \beta_i \leqslant 1, \alpha_i \geqslant \beta_i$。第 i 个博弈参与主体的总体效用水平不仅与个人物质利益 V_i 相关,还与社会总体福利水平正相关。同时,此效用函数加入了博弈参与者之间由于收益差距所带来的公平心理效用损失。模型中个人物质收益与其他人收益之间的不公平会表现为式(2—14)的后两项任一项为非 0 值。当博弈参与者 i 的收益低于博弈参与者 j 时,会有 $\frac{\alpha_i}{N-1}(x_j - x_i)$ 的公平心理效用损失;当博弈参与者 i 的收益大于博弈参与者 j 时,出于对其他博弈者的同情会有 $\frac{\beta_i}{N-1}(x_i - x_j)$ 的公平心理效用损失。因此,不论博弈参与者 i 与其他参与者之间存在正向还是负向的收益差异,互动的不公平都会对参与者 i 的效用产生一个向下的修正值。差异越大,越降低参与者 i 的总体效用水平。在这个互动公平均衡博弈中,各参与者均表现出对不公平资源分配的厌恶,无论博弈参与者 i 的收益是少于还是多于其他博弈参与者的收益,博弈中的所有参与者包括其自身都会感到不公平,并会因此导致整个住房保障项目的效用(社会福利)水平的下降。

上述模型可简化为保障房申请者——农业转移人口与政府之间的两参与者博弈:

$$U_i = V_i + \lambda_i V_j - a_i \sum_{j \neq i} \max(V_j - V_i, 0) - \beta_i \sum_{j \neq i} \max(V_i - V_j, 0)$$

(2—15)

其中，$i,j \in (1,2)$，且 $i \neq j$。式（2-15）可分为下列三种情况进行讨论：

（1）当 $V_1 < V_2$ 时，即政府配置住房保障资源获得的效用低于不合格申请者骗取保障的效用，此时政府的价值水平为：

$$U_1 = V_1 + \lambda_1 V_2 - \alpha_1(V_2 - V_1) \quad (2-16)$$

（2）当 $V_1 > V_2$ 时，即政府配置住房保障资源获得的效用高于不合格申请者骗取保障的效用，此时政府的价值水平为：

$$U_1 = V_1 + \lambda_1 V_2 - \beta_1(V_1 - V_2) \quad (2-17)$$

（3）当且仅当 $V_1 = V_2$ 时，此时政府和申请保障房资源的新生代农业转移人口群体均得到最大的效用，两者的价值水平分别为：

$$U_1 = V_1 + \lambda_1 V_2 \quad (2-18)$$

$$U_2 = V_2 + \lambda_2 V_1 \quad (2-19)$$

据上述博弈模型策略结果可以看出，如果能够有效降低政府部门与被保障人口、农业转移人口之间的信息不对称以及监管政府部门的寻租行为，充分识别潜在被保障者的骗保欺诈行为，并对欺骗行为加大惩罚力度，那么在博弈均衡策略集合中，政府和被保障农业转移人口都会因为遵循互动公平的原则，在追逐自身利益最大化的同时，实现住房保障项目社会福利水平的极大化。

2. 政府与保障房开发商之间的期权博弈

政府将保障房建设项目外包给市场上的开发商，而更多的是行使监督职能，从经济学角度来说，政府通过市场委托开发商提供保障房资源的成本要低于政府自己直接建造保障房的成本。正如美国学者凯特尔所言，各国政府如今的角色已经发生变化，只有在极少数的情况下才是公共产品和公共服务的直接提供者，而更多情况下是执行公共产品和公共服务的监督者角色。Smit 和 Ankum(1993)基于未来环境的不确定性的分析构建了最早的离散时间期权博弈模型作为项目开发决策的依据。本书在 Zhu 和 Weyant(2003)的离散型期权博弈模型基础上构建包括政府与开发商两类参与主体的保障房开发项目博弈模型。在跨两个时期的博弈

结构框架中,进行政府与开发商间内生互动的纳什均衡分析,假设保障房市场的反需求函数为:

$$P(\theta_t, Q) = \theta_t - b(Q_G + Q_A) \quad (2-20)$$

其中,P 是市场价格,Q_G 为政府的住房保障资源供应量,Q_A 为开发企业的住房保障资源供应量。θ_t 代表市场需求的不确定性,b 是需求漂移参数。政府和企业的成本函数为:

$$C_i(Q_i) = C_F + c_i Q_i \quad (2-21)$$

其中,C_F 为固定成本,c_i 为边际成本,为了简化分析,令 $C_F = 0$。

当住房保障市场上只有政府或企业一个部门垄断供应保障房时,保障房的最优供应规模可由下列最优化问题决定:

$$\pi_m = \max[p(\theta_t, Q_m)Q_m - c_m \cdot Q_m] \quad (2-22)$$

求解这个最优化问题就可以得到市场上保障房的最优供应规模:

$$Q_m = \frac{1}{2b}(\theta_t - c_m) \quad (2-23)$$

此时,保障房供应部门的均衡利润为:

$$\pi_m = \frac{1}{4b}(\theta_t - c_m)^2 \quad (2-24)$$

政府与开发商序列供应保障房资源时的均衡解。在政府投资后,企业观察到政府在前一期的保障房投资行为、示范效应以及市场需求,决定在下一期时追随政府投资还是延迟项目开发,此时两者的最优决策分别为:

$$\pi_A = \max[p(\theta_t, Q_G + Q_A) - c_A]Q_A \quad (2-25)$$

$$\pi_G(Q_A, Q_G(Q_A)) = \max[p(\theta_t, Q_G(Q_A) + Q_A) - c_G]Q_G \quad (2-26)$$

求解最优化问题,得到政府 π_A 和保障房开发企业 π_G 的均衡利润:

$$\pi_G = \frac{1}{8b}(\theta_t - 2c_G + c_A)^2 \quad (2-27)$$

$$\pi_A = \frac{1}{16b}(\theta_t + 2c_G - 3c_A)^2 \quad (2-28)$$

3. 中央政府与地方政府之间的博弈

中央政府与地方政府在保障性住房政策执行过程中会因为宏观目标偏差而产生局部利益冲突,对于中央政府来说,严格执行公共住房政策是民心工程,有益于整体社会福利水平的提升和经济的长期可持续发展。地方政府受到地方财政收入约束和经济增长业绩压力,在执行住房保障项目时存在着资金投入不足和供应结构不合理等问题。可以预期,假如两级政府之间存在着较大的信息不对称,中央政府缺乏有力的监督和惩罚机制,地方政府会因为和中央政府的宏观目标不一致,而导致不同的投资行为博弈策略。

应用静态博弈模型分析(张维迎,2005;何元斌,2016)中央政府和地方政府在保障性住房建设的行为,用 C 和 L 分别代表中央政府和地方政府,H 和 I 分别代表保障性住房投资和投入其他产业的资金,B 代表政府可用于保障房投资的预算资金。假定政府和地方政府的收益函数为柯布—道格拉斯函数形式:

中央政府收益函数形式:

$$R_C = (H_C + H_L)^\alpha (I_C + I_L)^\beta \quad (2-29)$$

中央政府预算约束条件:

$$H_C + I_C \leqslant B_C$$

地方政府收益函数形式:

$$R_L = (H_C + H_L)^\eta (I_C + I_L)^\beta \quad (2-30)$$

地方政府预算约束条件:

$$H_L + I_L \leqslant B_L$$

中央政府建造保障房项目的正向外部效应通常大于地方政府,因此假定 $\alpha > \eta$。对式(2—29)和式(2—30)分别求解一阶导数,以实现各级政府效益最大化,可得中央政府和地方政府的保障房投资行为反应策略解分别为:

$$H_C^* = \max\left[\frac{\alpha}{\alpha+\beta}(B_C+B_L) - H_L, 0\right] \quad (2-31)$$

$$H_L^* = \max\left[\frac{\eta}{\eta+\beta}(B_C+B_L) - H_C, 0\right] \quad (2-32)$$

从上述反应函数可看出,由于 $\alpha > \eta$,中央政府的最优保障房投资规模大于地方政府的最优投资规模。在总预算控制的约束条件下,地方政府每增加一单位保障房投资,中央政府就减少一单位保障房投资,两者呈现出此消彼长的关系;反之亦然。

第三章 我国农业转移人口规模结构、定居意愿与居住条件分析

农业转移人口活跃在城市中的各个行业,为城市建设提供了充分的人力保障和发展动力。居住问题是农业转移人口在流入地首要面临的问题,农业转移人口在城市中可以接受短暂的失业却不能一日无安身之所。早在2005年原建设部就将解决进城务工农业转移人口住房问题列入年度工作重点。2007年原建设部等五部委印发了《关于改善农民工居住条件的指导意见》,首次提出要将农民工住房问题纳入城市规划。在2014年3月中共中央和国务院联合发布的《国家新型城镇化规划(2014—2020年)》(即"十三五规划")中,将有序推进农业转移人口市民化作为新型城镇化的首要任务。2016年国务院出台《推动1亿非户籍人口在城市落户方案》,进一步拓宽落户通道,放开放宽重点群体落户限制,并提出"以在城镇就业居住5年以上和举家迁徙的农业转移人口以及新生代农业转移人口为重点,促进有能力在城镇稳定就业和生活的农业转移人口举家进城落户"。中央及各部委的密集文件持续性地关注和强调广大农业转移人口的住房问题,妥善解决和优化农业转移人口在城市的住房问题对我国新型城镇化建设具有不容忽视的重大战略意义。

(一)我国农民工总量与结构变迁路径

农民工在城市中的居住诉求与农民工数量、群体结构性特征(收入水

平、年龄段、性别等)、流动特征紧密相关。第三章(一)和(二)部分所用数据除特别说明外,均根据国家统计局发布的《农民工监测调查报告》(2009—2017年)整理计算所得[①]。

1. 农民工总量与增量变动态势

2017年农民工总量达到28 652万人,比上年增加481万人,增长1.7%,增速比上年提高0.2%。如图3.1所示,2009—2017年间农民工总体数量逐年上升。伴随着全球经济回暖,2009—2010年间农民工增量上升迅速。自2010年后增速呈现出先下降再上升的趋势,2015年是近年农民工总量增速的最低点和拐点,为1.3%,此后两年间总量增速也缓步上涨。

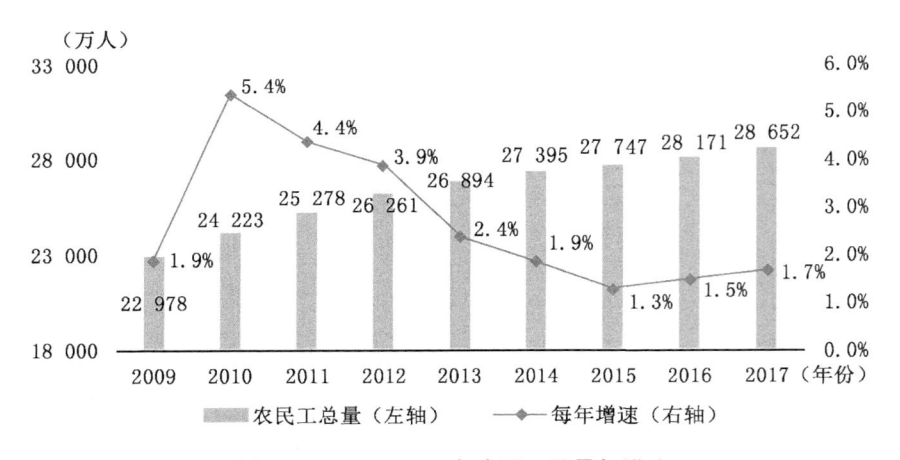

图 3.1 2009—2017年农民工总量与增速

在全体农民工中,1980年及以后出生的新生代农民工的比重呈逐年上涨趋势,由2013年的12 533万人上涨到2017年的14 469万人,四年总涨幅为14.6%。在2017年,新生代农民工正式成为全国农民工的主体,占全国农民工总量的50.5%,比2016年提高0.8个百分点,新生代农

---

① 尽管从严格意义上来说,《农民工监测调查报告》中农民工的概念范畴与本书所定义的农业转移人口并不完全一致,但基于数据可及性及权威性考虑,此部分分析中使用统计局发布的《农民工监测调查报告》数据进行整理计算。

民工占比首次过半(见图 3.2)。

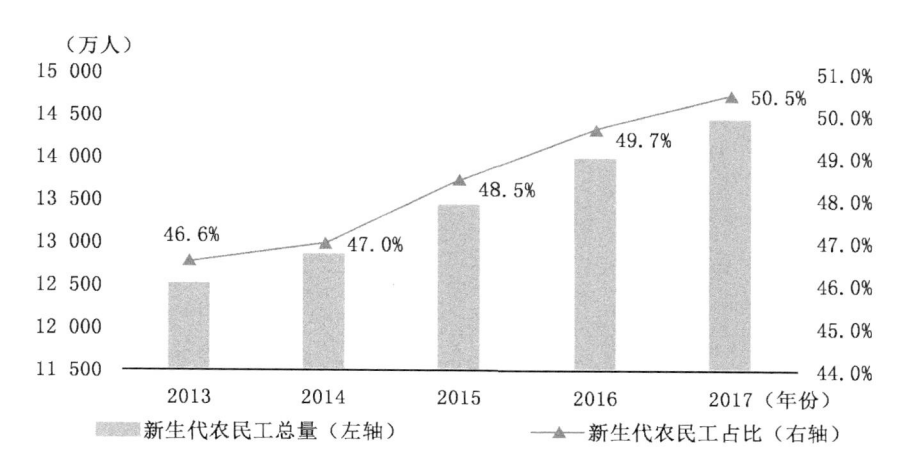

图 3.2　2013—2017 年新生代农民工总量与占比

从产业分布来看,在 2013—2017 年间,从事第二产业的农民工比例一直居于首位,占农民工比例的 50% 以上,但是由 2013 年的 56.8% 逐年下降到 2017 年的 51.5%。从事第一产业的农民工所占比重处于非常低的水平,不足 1% 并且仍处于下降趋势。从事第三产业的农民工比例略逊于第二产业,但处于逐年上升的趋势,由 2013 年的 42.6% 逐年上升到 2017 年的 48%。"十三五规划"中关于产业结构升级方向中提出要加快发展服务业,农民工加速向第三产业集中(见图 3.3)。

2. 我国外出农民工结构性特征分析

相较于本地农民工,《农民工监测调查报告》中"外出"农民工面临的居住环境和居住条件更为严峻,也与本书所定义的农业转移人口内涵更为接近。此部分会重点运用《农民工监测调查报告》中"外出"农民工的收入、流动、年龄结构等量化特征来大致掌握和分析农业转移人口的结构特征和居住条件。

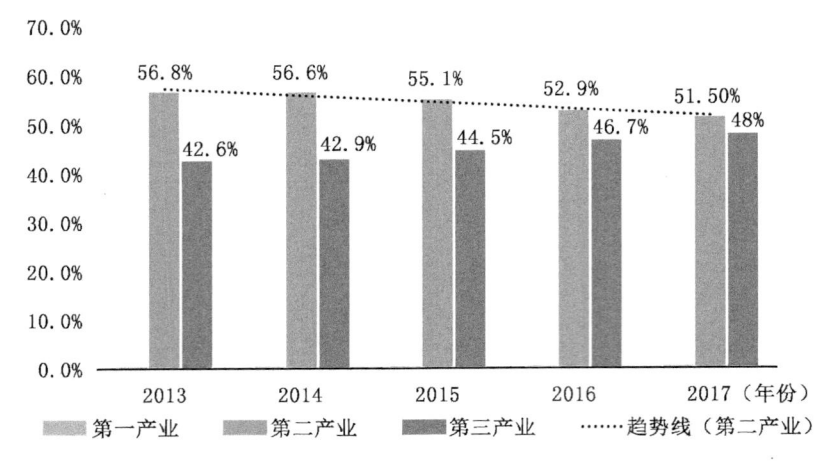

图 3.3　2013—2017 年农民工在第二、第三产业中的分布比重

(1)农民工平均年龄上升,新生代农民工占比过半

如表 3.1 所示,从年龄结构看,16—20 岁农民工比重逐年下降,新生代农民工受教育程度普遍高于老一代农民工,农村教育条件的改良和教育观念的加强,使得 20 岁前外出务工的农民工比重下降。而 21—30 岁农民工比重始终居于 27% 以上,是占比最高的一个年龄段。41—50 岁农民工比重逐年增加,由 2011 年的 24.0% 逐渐上升到 2017 年的 26.3%。50 岁以上农民工所占比重逐年上升,由 2011 年的 14.3% 上升到 2017 年的 21.3%。

表 3.1　　　　　　　　农民工人口年龄构成　　　　　　　　单位:%

	2011 年	2012 年	2013 年	2014 年	2015 年	2016 年	2017 年
16—20 岁	6.3	4.9	4.7	3.5	3.7	3.3	2.6
21—30 岁	32.7	31.9	30.8	30.2	29.2	28.6	27.3
31—40 岁	22.7	22.5	22.9	22.8	22.3	22.0	22.5
41—50 岁	24.0	25.6	26.4	26.4	26.9	27.0	26.3
50 岁以上	14.3	15.1	15.2	17.1	17.9	19.1	21.3

选择就地就近转移的老一代农民工大量增加,这对农民工年龄结构

老化产生了一定的助推作用。从长远来看,农民工老化的趋势可能还将进一步延续。"80后"的新生代农民工成为农民工,特别是外出农民工中的主力军。

2017年,外出农民工女性占31.3%,比上年下降0.4%。本地农民工中女性占37.4%,比上年提高0.2%。在农村工业化和农村电商经济大发展的背景下,越来越多的女性农民工考虑到农村家庭赡养老人和教育小孩的需要,从外出务工转为就地务工。

(2)初中文化农民工占比居首,外出农民工受教育水平高于本地农民工

2011—2017年间,初中文化农民工所占比例一直居于首位,占比高达半数以上,但是呈现逐年下降的趋势,由2011年的61.1%逐渐下降到2017年的58.6%。高中、大专及以上学历所占比例总体呈现上升趋势,二者比例相加占25%左右。外出农民工中高中及以上文化程度的占30.8%,比上年提高1.7个百分点。外出农民工的受教育程度普遍高于本地农民工,外出农民工初中以下学历占比低于本地农民工,初中以上学历,特别是高中和大专以上学历占比高于本地农民工(见表3.2)。

表3.2　　　　　　2011—2017年农民工文化程度构成　　　　　单位:%

年份	未上过小学			小学			初中		
	农民工合计	外出农民工	本地农民工	农民工合计	外出农民工	本地农民工	农民工合计	外出农民工	本地农民工
2011	1.5①	0.9	2.1	14.4	10.7	18.4	61.1	62.9	59.0
2012	1.5②	1.0	2.0	14.3	10.5	18.4	60.5	62.0	58.9
2013	1.2	0.9	1.6	15.4	11.9	18.9	60.6	62.8	58.4
2014	1.1	0.9	1.6	14.8	11.5	18.1	60.3	61.6	58.9
2015	1.1	0.8	1.4	14.0	10.9	17.1	59.7	60.5	58.9
2016	1.0	0.7	1.3	13.2	10.0	16.2	59.4	60.2	58.6
2017	1.0	0.7	1.3	13	9.7	16	58.6	58.8	58.5

续表

年份	高中			大专及以上			中专③		
	农民工合计	外出农民工	本地农民工	农民工合计	外出农民工	本地农民工	农民工合计	外出农民工	本地农民工
2011	13.2	12.7	13.9	5.3	7.0	3.4	4.5	5.8	3.2
2012	13.3	12.8	13.8	5.7	7.8	3.6	4.7	5.9	3.3
2013	16.1	16.2	16.0	6.7	8.2	5.1	/	/	/
2014	16.5	16.7	16.2	7.3	9.3	5.2	/	/	/
2015	16.9	17.2	16.6	8.3	10.7	6.0	/	/	/
2016	17.0	17.2	16.8	9.4	11.9	7.1	/	/	/
2017	17.1	17.3	16.8	10.3	13.5	7.4	/	/	/

注：①统计口径是不识字或识字很少。

②统计口径是不识字或识字很少。

③2013年开始，中专教育不再单独统计，合并入高中教育水平进入统计。

由图3.4可看出，在2013—2017年这五年中，未上过小学和高中这两个学段的农民工占比变动不大。而小学文化程度的外出农民工占比逐年下降，相应的初中和大专及以上这两个教育层次的农民工占比上升，特别是外出农民工受高等教育人数提升较快。这也从侧面反映了本地农民工在找工作方面具有一定的地域优势。

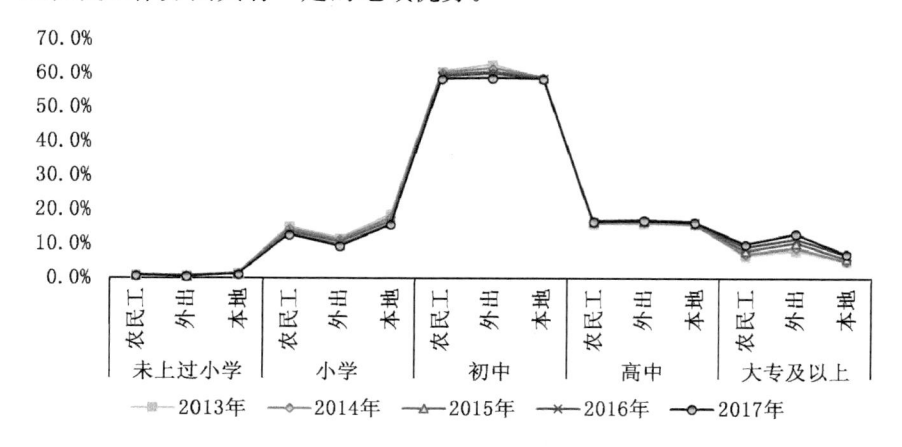

图3.4 2013—2017年农民工受教育程度变动趋势图

受教育水平是估测农民工人力资本的重要因素,高层次的教育能有效提升农民工在外地城市就业市场中的竞争力。农民工受教育水平的提高,一方面是由于九年制义务教育的普及,农村教育投入和教育环境的改善,以及对教育的重视程度的提高;另一方面,在务工城市中也有许多优质的教育培训资源和机会,多地政府定期为农民工举办免费技能培训,各中小型金融机构也广泛推出专业技能培训类消费信贷,为农民工提升教育层次提供多方位保障。

(3)农民工月收入增速有所回落,外出农民工收入远高于本地农民工

2009—2016年间,农民工月均收入呈现逐年增长的趋势,但是增长速度经历了从2009年至2011年较快增长后呈现总体的下降趋势,由2011年增长速度21.2%的最高点回落到2016年的6.6%(见图3.5)。

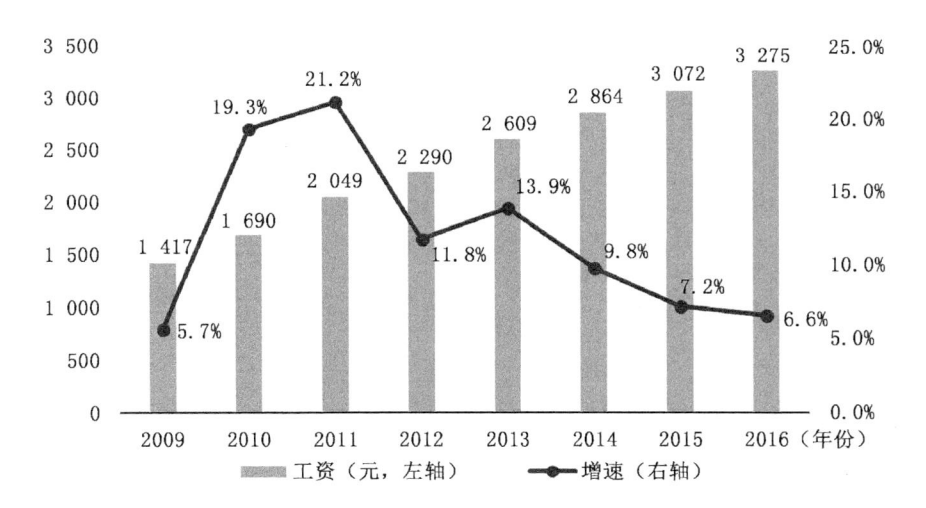

图3.5 2009—2016年农民工月均收入及增速

在2014—2017年间,各个行业农民工收入均呈现上涨趋势,收入最高的行业是交通运输业和建筑业,2017年平均工资分别为4 048元和3 918元。收入最低的行业是居民服务、修理和其他服务业,2017年平均工资为3 022元。其中,交通运输业由于技术含量高、劳动强度大、劳动时间不确定性强,获得了较快的年工资增速,而住宿和餐饮业的进入门槛

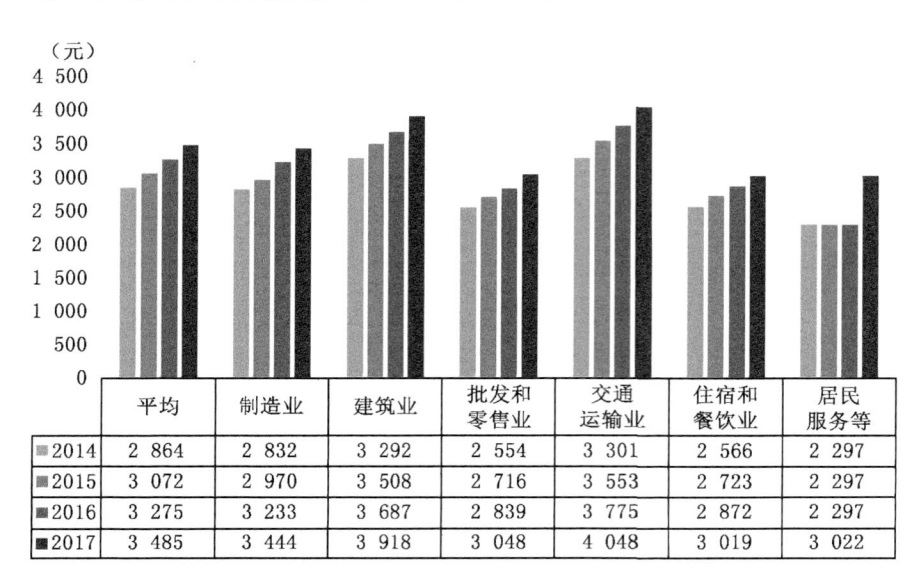

相对较低,年工资增速相对较慢(见图3.6)。

(元)	平均	制造业	建筑业	批发和零售业	交通运输业	住宿和餐饮业	居民服务等
2014	2 864	2 832	3 292	2 554	3 301	2 566	2 297
2015	3 072	2 970	3 508	2 716	3 553	2 723	2 297
2016	3 275	3 233	3 687	2 839	3 775	2 872	2 297
2017	3 485	3 444	3 918	3 048	4 048	3 019	3 022

图 3.6 2014—2017 年分行业农民工月均收入

分地区看,在东部、中部、西部和东北部地区务工的农民工,2017 年月均收入分别为 3 677 元、3 331 元、3 350 元、3 254 元。在西部地区务工的农民工月均收入增速为 7.5%,分别比在东部、中部和东北地区务工的农民工高 1.1%、1.1%和 1.3%。跟预期一致,东部地区的农民工月均工资水平最高。但东部地区地价过高导致许多企业纷纷迁移至中西部地区,中西部地区农民工工资的上涨速度和未来上升空间更高。

相对于地区间工资水平差异,本地就业还是外出就业对农民工收入的影响更大。2017 年外出务工农民工月均收入为 3 805 元,外出农民工月均收入比本地农民工高出 20%。

3. 外出农民工流动范围变动趋势

从输出地看,2009—2016 年东部地区农民工总量总体维持在 10 000 万—11 000 万人之间,2017—2019 年来又有下降的趋势;中部地区和西部地区农民工输出的潜力大于东部地区,中部地区由 2009 年的 7 146 万人增加到 2016 年的 9 279 万人,西部地区由 2009 年的 5 815 万人增加到 2016 年的 7 563 万人。2016 年东部地区农民工 10 400 万人,占总量的 36.9%;中部地区农民工 9 279 万人,占总量的 32.9%;西部地区农民工 7 563 万人,占总量的 26.9%;东北地区农民工 929 万人,占总量的 3.3%。西部地区农民工人数增长快于其他地区,西部地区农民工增量占新增农民工的 43.6%(见表 3.3)。从农民工输出的动力来看,东、中、西动力依次递增,这也符合经济发展的规律,经济越不发达地区的人们更有动力去相对发达的区域寻求更好的就业机会来改善所处的生活环境。新中国成立以来东北地区主要是重工业基地,但近年来国家提倡的经济结构转型和环境保护的原因,东北地区的人口净流出问题引起了国家的高度重视。

表 3.3　　2009—2016 年农民工在输出地的区域分布　　单位:万人

年份	东部地区 总量	东部地区 增速	中部地区 总量	中部地区 增速	西部地区 总量	西部地区 增速	东北地区 总量	东北地区 增速
2009	10 017	3.1%	7 146	0.9%	5 815	1.2%	/	/
2010	10 468	4.5%	7 619	6.6%	6 136	5.5%	/	/
2011	10 790	3.1%	7 942	4.2%	6 546	6.7%	/	/
2012	11 191	3.7%	8 256	4.0%	6 814	4.1%	/	/
2013	/	/	/	/	/	/	/	/
2014	10 664	2.0%	9 446	1.2%	7 285	2.5%	/	/
2015	10 760	0.9%	9 609	1.7%	7 378	1.3%	/	/
2016	10 400	1.0%	9 279	1.1%	7 563	2.5%	929	3.8%

注:2016 年国家统计局《农民工监测统计报告》特将东北地区单独划分出来,划分黑龙江、吉林、辽宁为东北地区,2009—2015 年黑龙江、吉林划分为中部地区,2009—2015 年辽宁划分为东部地区。

2009—2016 年总体上各输出地农民工增速呈现下降趋势,这一方面与农民工人口红利下降有关,另一方面与农民工通过在城镇打工符合落户条件后落户的现象分不开,而且也符合国家近几年为改善人们生活条件而实行的大力促进城镇化的策略息息相关。但是2016年中部和西部农民工增速又有些微提升,特别是西部地区,比2015年增长了1.2个百分点(见图3.7)。

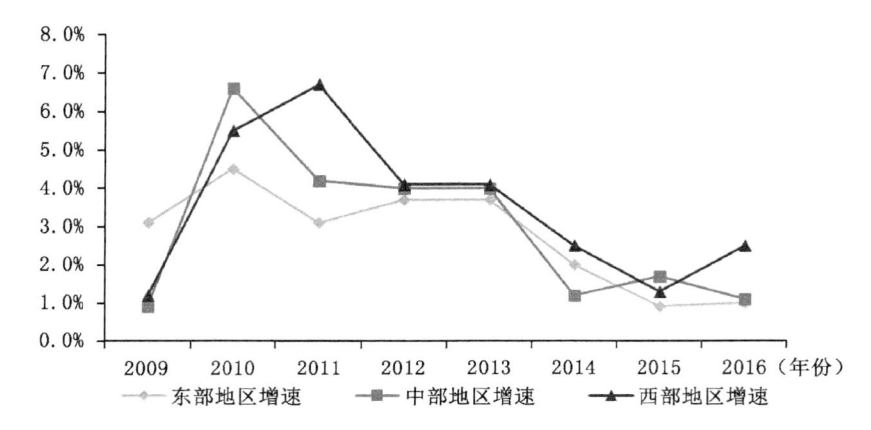

注:为使图形连续,将2013年缺失数据以2012年数据代替。
图3.7 2009—2016年农民工输出地增速变动图

从输入地看,2016年在东部地区务工农民工15 960万人,占农民工总量的56.7%;在中部地区务工农民工5 746万人,占农民工总量的20.4%;在西部地区务工农民工5 484万人,占农民工总量的19.5%;在东北地区务工农民工904万人,比上年增加45万人,增长5.2%,占农民工总量的3.2%(见表3.4)。

表3.4 外出农民工地区历年分布及构成

年份	外出农民工总量	外出农民工总量(万人)		构成比例	
		跨省流动	省内流动	跨省流动	省内流动
2009	14 533	7 441	7 092	51.2%	48.8%
2010	15 335	7 717	7 618	50.3%	49.7%
2011	15 863	7 473	8 390	47.1%	52.9%
2012	16 336	7 647	8 689	46.8%	53.2%

续表

年份	外出农民工总量	外出农民工总量(万人)		构成比例	
		跨省流动	省内流动	跨省流动	省内流动
2013	16 610	7 739	8 871	46.6%	53.4%
2014	16 821	7 867	8 954	46.8%	53.2%
2015	16 884	7 745	9 139	45.9%	54.1%
2016	16 934	7 666	9 268	45.3%	54.7%

2009—2016年外出农民工总量呈现递增趋势，但是农民工跨省流动和省内流动二者之间呈现异质性，2010年以后跨省流动农民工构成比例逐年减少，而省内流动农民工构成比例逐年增加。跨省流动农民工占外出农民工总量的比重由2009年的51.2%逐渐下降到2016年的45.3%，省内流动农民工占外出农民工总量的比重由2009年的48.8%逐渐上升到2016年的54.7%（见图3.8）。跨省流出地区主要为中西部经济欠发达地区，跨省流入地区主要是经济相对发达的东部地区。农民工外出数量增速放慢，特别是跨省农民工数量减少，主要与一些东部沿海产业向内陆转移，中西部地区的务工收入与沿海地区差距缩小有关。除此之外，中西部地区扶贫措施的强化，在外务工成本也相对较高，并且综合考虑到照顾孩子老人等家庭因素，外出农民工跨省流动的必要性在逐渐降低，反而留在当地增加了农民工的生活幸福指数。

(二)我国农业转移人口居住状况分析

2007年五部委联合下发的《关于改善农民工居住条件的指导意见》是第一个从国家层面专门针对解决农业转移人口住房问题而下发的文件，填补了以往农业转移人口住房政策上的空白。文件提出："用工单位是改善农民工居住条件的责任主体，政府的作用则在于为用工单位履行责任提供政策支持、指导和监督。"这一文件更为强化用工企业作为农业转移人口在城市住房保障中的责任主体地位。随着近年我国城镇化进度、产业结构调整速度、农村人口的加速外流，在城市中农业转移人口的

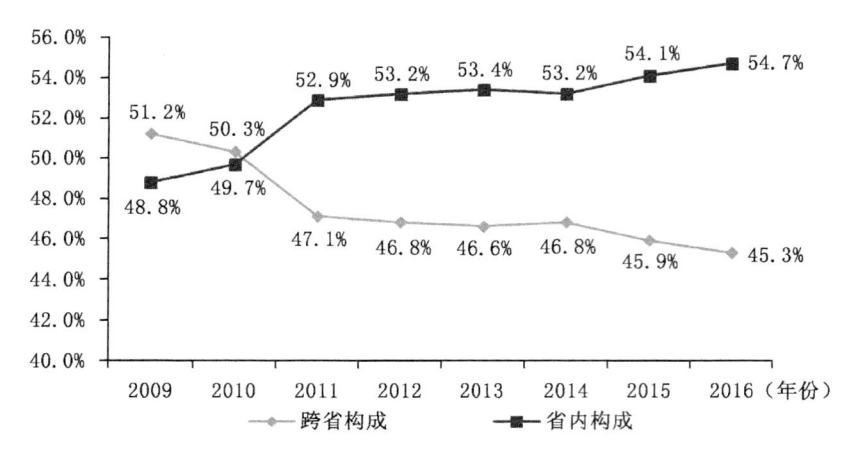

图 3.8　外出农民跨省和省内流动构成比例历年变动趋势

从业行业、工作地、居住地均较为分散,这一早期的政策思路并不能妥善解决广大外来务工群体在城市中的安居问题。从近些年来的实践看,尽管从中央到地方的各级政府在保障农业转移人口住房权益问题上实际上还是做出了不少有益的探索,对改善农业转移人口在城市的居住条件起到了一定作用,但总体上看这些举措和探索仍旧处于起步阶段,距离推进农业转移人口市民化的要求尚有不小差距。而正因如此,在 2016 年召开的中央经济工作会议明确提出把公租房扩大到非户籍人口,这一项重要举措可以看作是将农业转移人口正式纳入城镇住房保障体系的一个重要开端,进一步强化了政府在农业转移人口住房保障中的作用强度和重要地位。在近年中央的关注和政策制度的推进下,农业转移人口的居住现状已得到一定程度的改善:

1. 农业转移人口人均住房面积上升,居住设施进一步完善

2017 年农业转移人口[①]人均居住面积为 19.8 平方米,比 2016 年提高 0.4 平方米。人均居住面积 5 平方米及以下居住困难的农业转移人口

---

① 因为《农民工监测调查报告》中的进城农民工与本书所定义的农业转移人口内涵十分接近,此部分农业转移人口数据来源为《农民工监测调查报告》中的进城农民工数据,以下统称为农业转移人口。

户占 4.6%。城市人口数量越多,农业转移人口的居住环境反而越拥挤。在 500 万人以上城市,农业转移人口人均居住面积为 15.7 平方米,比均值少 4.1 平方米。87.0% 的农业转移人口户有自来水,80.2% 的农业转移人口户有洗澡设施。随着网费的下调和智能手机的普及,89.6% 的农业转移人口在住处能够使用计算机或手机联网。农业转移人口户中极高的网络覆盖率,一方面是受到网络经济的影响,在城市从事服务行业,特别是外卖餐饮、城市交通、快递等工作的农业转移人口,网络成为其必备的工作条件之一;另一方面是相比城市中价格高昂的娱乐休闲场所,上网成为农业转移人口日常主要的休闲方式。

2. 住房多源于用人单位提供,务工地自购房农业转移人口比重上升

农业转移人口的住房很大程度上仍依赖于用人单位解决。如表 3.5 所示,住单位宿舍和工地工棚的农业转移人口占比约 40%,但整体上呈现下降趋势,住单位宿舍由 2009 年的 33.9% 下降到 2015 年的 28.7%。其次就是与他人合租住房、独立租赁住房和乡外从业回家居住,占比在 15%—20% 之间波动。占比最少的是务工地独自购房,只占到 1% 左右。农业转移人口单位住宿和与他人合租住房比例从 2012 年开始逐年下降,这与农业转移人口独立租赁住房比例从 2012 年开始逐年上升形成鲜明的对比,表明农业转移人口对住宿条件的要求正在逐渐提升,他们更加注重居住的质量与自身隐私权的保护,因此,在经济可负担的前提条件下会倾向于选择独立租赁住房。

表 3.5　　　　　　　　农业转移人口在务工地的住房性质[①]

年份	单位宿舍	工地工棚	生产经营场所	与他人合租住房	独立租赁住房	务工地自购房	乡外从业回家居住	其他
2009	33.9%	10.3%	7.6%	17.5%	17.1%	0.8%	9.3%	3.5%
2010	33.8%	10.7%	7.5%	18.0%	16.0%	0.9%	9.6%	3.5%

① 受数据所得性限制,在 2016 和 2017 年《农业转移人口监测调查报告》中不再详细报告外出农民工住房性质,因此表格数据更新至 2015 年。

续表

年份	单位宿舍	工地工棚	生产经营场所	与他人合租住房	独立租赁住房	务工地自购房	乡外从业回家居住	其他
2011	32.4%	10.2%	5.9%	19.3%	14.3%	0.7%	13.2%	4.0%
2012	32.3%	10.4%	6.1%	19.7%	13.5%	0.6%	13.8%	3.6%
2013	28.6%	11.9%	5.8%	18.5%	18.2%	0.9%	13.0%	3.1%
2014	28.3%	11.7%	5.5%	18.4%	18.5%	1.0%	13.3%	3.3%
2015	28.7%	11.1%	4.8%	18.1%	18.9%	1.3%	14.0%	3.1%

农业转移人口居住在务工地购房比重尽管最低，但呈现出逐年上升的趋势，农业转移人口收入水平的提升是农业转移人口购房比例上升的关键因素，新生代农业转移人口为了更好地融入城市生活，为子女营造更好的生活和教育环境，再加上当地的积分购房、公积金及贷款政策的支持，使得进城购房成为现实。但是其中购买保障性住房比例非常低，这说明国家的住房保障政策覆盖面有待提升，需要更加积极有效的保障机制来维护农业转移人口在城市中的基本住房权益。

3. 农业转移人口居住成本上升，但居住消费占比略降

城市土地资源的稀缺性和住房建设的长周期性，导致城市住房成本逐年上升。在租房比例较高的农业转移人口中，就造成了居住绝对成本的上升，农业转移人口居住支出从2013年的453元/人上升到2015年的475元/人。但是考察居住支出占生活消费支出比后可发现，居住支出占比由2013年的过半，下降至2015年的46.9%。随着农业转移人口收入水平的提升，农业转移人口，特别是新生代农业转移人口，更加注重生活质量的提高，融入城市生活的意愿也更加强烈，因此在满足生存需要的同时会更加去追求丰富的精神生活，包括学习培训和娱乐休闲等，从而增加了他们住房之外的生活消费支出，于是就出现了2013—2015年居住支出占生活消费支出比例略显下降的趋势（见表3.6）。

表 3.6　　　2013—2015 年农业转移人口月均生活消费和居住支出　　单位:元/人

年份	合计 生活消费	合计 居住支出	合计 居住支出占比	东部地区 生活消费	东部地区 居住支出	东部地区 居住支出占比
2013	892	453	50.7%	902	454	50.3%
2014	944	445	47.1%	954	447	46.8%
2015	1 012	475	46.9%	1028	480	46.7%

年份	中部地区 生活消费	中部地区 居住支出	中部地区 居住支出占比	西部地区 生活消费	西部地区 居住支出	西部地区 居住支出占比
2013	811	441	54.3%	909	443	48.7%
2014	861	414	48.0%	957	449	46.9%
2015	911	425	46.7%	1025	469	45.8%

在东、中、西部三地区的横向比较中,中部地区居住支出占消费的比例最高、降速最快。东部地区居住支出占消费的比例在三区中居中,2015年与中部地区占比持平。西部地区居住支出占消费的比例在三区中最低。东部和西部的生活消费支出相差不大,都处于较高水平。东部地区生活消费支出较高主要是因为东部地区经济发达,消费支出成本自然较高;西部地区生活消费成本较高主要是因为随着西部大开发战略进行得如火如荼,西部资源开发与旅游业发展迅速,经济的发展必然也会带来消费水平的提升(见图 3.9)。

(三)农业转移人口居住现状与定居意愿专项调研分析

从 20 世纪 80 年代中期开始,农村劳动力开始大规模进城务工,尤其是涌入经济发达的大城市。以上海市为例,据人口统计资料显示,截至 2017 年末,上海市外来常住人口达到 972.69 万,其中农业转移人口占比约七成。他们广泛分布在建筑、制造业、餐饮服务、家政服务等行业中,成为城市建设进程中一支不可或缺的新型劳动力大军。了解农业转移人口定居意愿及现实障碍已成为改善农业转移人口城市居住环境、推进城市

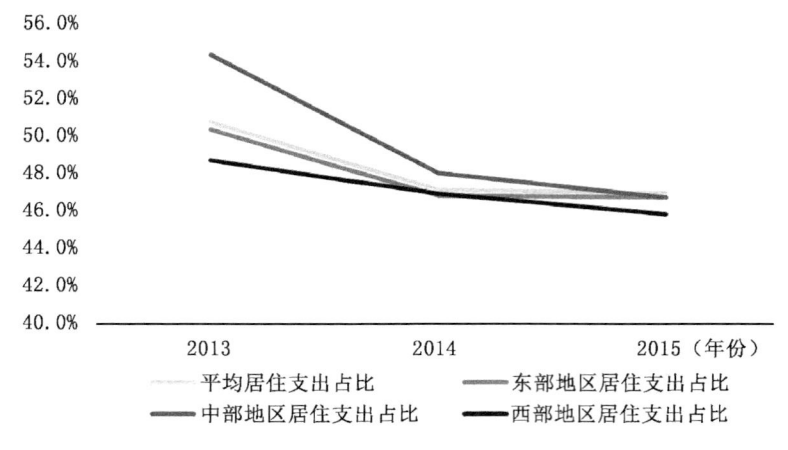

图 3.9 农业转移人口在不同地区务工月均生活消费和居住支出

化进程的重要前提和迫切需求。

文章对接国家统计局上海调查总队 2014 年对外来农业转移人口进行的网上专项调查数据资源。此次调查对象为全市 17 个区县的 344 个外来农业转移人口,外来务工人员年龄层次集中在 22—35 岁,与本书重点研究对象"80 后"新生代农业转移人口的年龄段有很高的重叠度,因此借助此专项调查数据对外来农业转移人口的居住现状、落户定居的主观意愿及现实障碍等方面的信息进行如下分析:

1. 上海外来农业转移人口居住现状分析

(1) 家庭式迁移特征明显,近八成与家庭成员同住

上海市外来农业转移人口家庭式迁移特征日益显现,户均人口数为 2.2 人,与配偶、孩子、父母或兄弟姐妹共同居住的占 79.9%。其中,单独与配偶居住的占 28.2%,单独与配偶及子女居住的占 27.9%。除去和家庭成员共同居住之外,农业转移人口更愿意独自居住,独居者占 16.9%,而与老乡或同事等同住的仅占 3.2%。

(2) 常年在沪务工,仅 8.8% 居住在自有产权房中

99% 的调查对象在过去三年中以上海为主要工作地点,在上海累计居住时间平均为 7 年 10 个月,最长的居住 29 年。尽管调查对象在上海

务工年限较长,但仅有8.8%的农业转移人口现居住在自己购买的商品房或自建住房中,83.3%农业转移人口家庭仍是依靠租房解决住房问题。

(3)租赁面积狭窄,租金低廉是重要考虑因素

调查显示,上海市农业转移人口家庭户平均住房建筑面积为28平方米,人均建筑面积12.6平方米。为了节省住房开支,近九成的农业转移人口家庭租住在上海近郊(含闵行、宝山、嘉定、松江4区)和远郊(含金山、青浦、奉贤、崇明4区)地区,每月房租支出为421元。

2. 农业转移人口落户定居意愿调查

(1)渴望被"市民化",未来打算回乡定居者不足四成

调查显示,未来明确打算要回老家定居的占36.5%,有意向在老家以外地方定居的占63.5%,其中26.5%明确表示非常希望在老家以外地方定居,37%有点想在老家以外地方定居。此外,有意向在老家以外地方定居的农业转移人口家庭在选择未来希望的定居地点时,均选择定居在城镇,而不会再考虑其他的农村。这说明农业转移人口"城市过客"的传统观念已在悄然转变,他们更期待被"市民化",在城市中落户定居。

(2)上海成为沪上农业转移人口落户定居首选地

在216位有意在外定居的农业转移人口中,平均在上海居住时间为8年5个月,从事目前工作平均长达5年,最长的有26年之久。他们总体表现出在上海务工时间较长、工作状态较为稳定的特征。在他们当中,70.4%希望未来在上海定居,20.4%选择回老家附近城镇定居,6.9%选择在老家省会城市定居(见图3.10)。

(3)当地社会保障资源成落户地最具吸引力因素

有意在除老家以外地区定居的216名农业转移人口中,33.3%是因为可以享受就业所在地社会保障待遇而选择落户当地,30.1%是考虑孩子读书升学的需要,25.9%是出于改善生活的考虑(见图3.11)。社会保障资源和子女教育条件是农业转移人口定居外地所考虑的两大最主要因素。

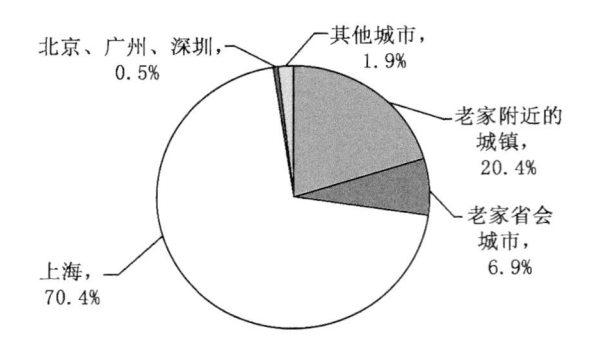

图 3.10 未来所希望的定居地点分布

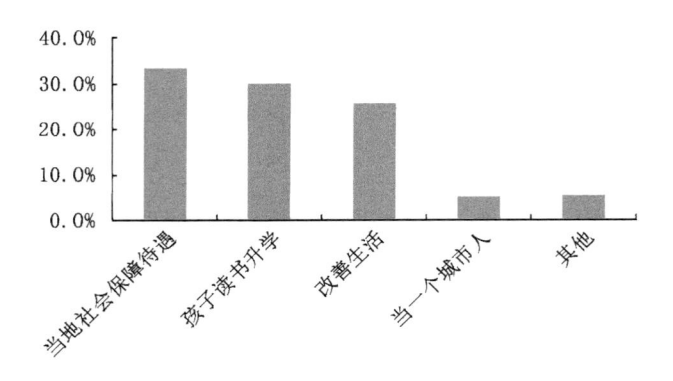

图 3.11 愿意定居外地的最主要考虑因素

3. 上海市外来农业转移人口定居落户现实障碍因素调查

(1)对购房政策最为关注,仅 14% 表示满足购房条件

定居落户的政策往往包含社保缴金年限、限购房政策、学历、岗位职称等多个方面。有意在外定居的 216 名农业转移人口中,已对当地落户定居限制政策有所了解的占 74.1%,完全不知道的占 25.9%。在了解政策的农业转移人口群体中,他们对购房政策最为熟悉,占 50.9%,其次是社保缴金年限相关政策,占 48.1%。尽管有意在外定居的农业转移人口对外地人购房政策表现出极大的关注,但表示符合当地购房条件的农业转移人口仅占 14.4%。相比之下满足社保缴金年限和工资水平方面落

户条件的农业转移人口比例更高,分别为25.5%和21.3%(见图3.12)。

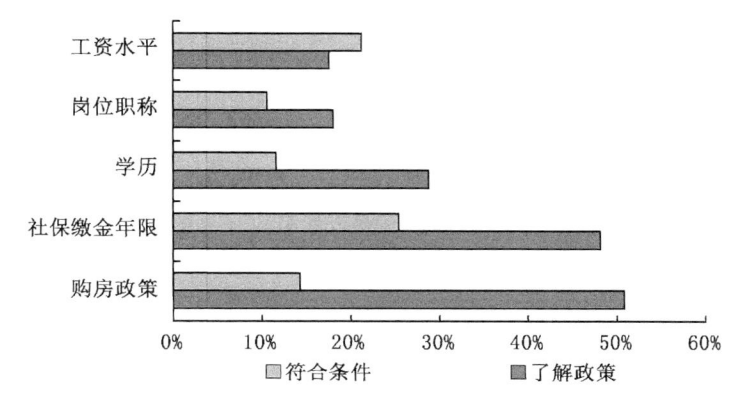

图3.12 对相关落户限制政策的了解情况以及符合条件情况比对图

(2)对未来的不确定性是农业转移人口选择回乡定居的最主要原因

调查显示,未来农业转移人口选择返乡的原因是由于目前工作不稳定,未来不确定因素太多的占28.2%,由于故乡情结想回老家定居的占27.6%,由于需要照顾家人返乡的占18.2%,仅7.4%是因为不想放弃老家的根底和宅基地而返乡。

(3)四成农业转移人口希望老家的承包地或宅基地能实现流转置换

调查数据显示,目前农业转移人口在老家的承包地52.9%是由家里人经营,28.8%转给其他人经营,交由村里集中管理的占6.5%,还有5%已没有承包地。关于老家承包地或宅基地未来的处置,他们最希望的是老家承包地或宅基地能够流转,置换成其他财物,占总人数的40%。打算今后自己回去继续经营的占38.8%。他们最希望的是宅基地或承包地能置换成房屋,占总人数的24.1%,希望置换成现金的占8.5%,希望置换成社保金的占7.4%。

(4)逾六成外来农业转移人口希望在上海可获得住房方面的帮助

在住房、子女上学、技能培训、安全生产、社保缴金、照顾家人、其他、不需要这8个有关帮助的选项中,64.4%的农业转移人口希望在上海获得更多有关住房方面的帮助。

如图 3.13 所示,沪上农业转移人口对改善目前住房条件的诉求极大,远超过他们在子女上学或社保缴金等方面所需要的帮助。一方面是由于对"居无定所"现状的不满,另一方面是单凭自身力量改善居住环境的愿望较难实现,因此希望该市能提供更多的外部资源帮助他们改善居住环境。

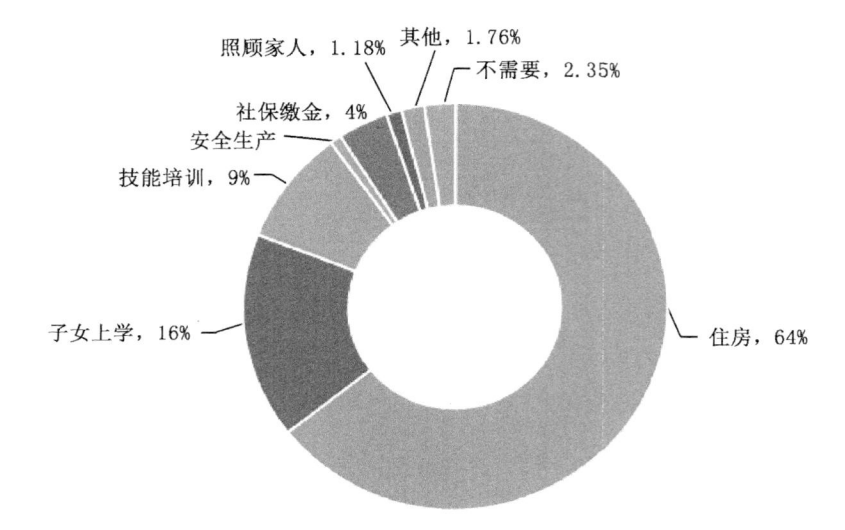

图 3.13 农业转移人口最希望在当地获得帮助的项目

第四章　各典型城市农业转移人口住房保障模式比较分析

2014年《国务院关于进一步推进户籍制度改革的意见》中表明全面放开建制镇和小城市落户限制,但对于大城市要合理确定落户条件,特大型城市要严格控制人口规模。可见,大城市的户籍改革力度最小(王美艳和蔡昉,2008),户籍制度改革的方向与人口流动的方向背道而驰(魏东霞和谌新民,2018)。依然黏附在户籍制度上的教育、就业、住房保障等方面的城乡差别待遇,使得农业转移人口的农业户籍身份在城市就业和生活中不仅极易识别且严重固化。在人口密度高、规模大、流动频繁的超大和特大型城市中,住房保障资源更显得捉襟见肘。

我国部分地区基于支持当地经济的健康发展的初衷,已在积极完善住房保障制度,并尝试性综合考虑地区工业发展特色、外来人口数量、土地住房存量资源等条件,有序开展农业转移人口住房保障工作。2012年住建部发布的《公共租赁住房管理办法》中明确指出公共租赁房对在本地稳定就业达规定年限的外来务工人员开放,但是保障资源申请准入、补贴标准、退出机制等具体条件都由直辖市和市、县级人民政府住房保障主管部门根据本地区实际情况确定。考虑到住房保障制度的实施需要因地制宜,具有明显的区域差异性,课题参照国务院2014年发布的《关于调整城市规模划分标准的通知》①,将城市按常住人口规模划分为超大城市、特大城市、大城市、中等和小城市四个板块,并选取其中典型城市进行区域农业转移人口住房保障模式的对比分析。

(一)超大城市的住房保障体系——以上海、北京为例

1. 上海市外来务工人员保障房供应与实施效果

上海保障性住房包括廉租住房、公共租赁住房、共有产权保障房(即经济适用住房)、征收安置房(或限价商品房)四种不同类型,基本覆盖本市不同住房困难对象。廉租房和共有产权房过去常年只针对户籍人口。在2017年发布的《关于进一步完善本市共有产权保障住房工作的实施意见》首次将非沪籍人口纳入共有产权房保障范围,但需上海市居住证积分达到标准值,因为此政策出台不久市场效果还未充分显现,因此本书重点分析从2010年建立初期就对外来务工人员开放的公共租赁住房(简称"公租房")制度。公共租赁住房制度的供应对象要具有本市城镇常住户口,或持有上海市居住证和连续缴纳社会保险金达到规定年限,此规定放宽了只针对本地户籍人口的限制,可供外来务工人员申请。2017年上海市公租房进一步放开准入标准:若部分拟入住职工暂不符合"具有本市常住户口,或持有上海市居住证和连续缴纳社会保险金达到规定年限"条件的,可由承租单位书面承诺相关职工在入住公共租赁住房后及时申办本市户籍或居住证,以及在沪缴纳社会保险金手续;其中随单位整体迁移来沪的老职工社会保险金可继续在外地缴纳。

上海市公共租赁住房供应政策主要包括:一是在准入条件方面不限本市户籍、不设收入线、不设财产线,只要符合在沪合法稳定就业和住房困难等基本条件,均可纳入保障范围;二是"只租不售",租赁合同两年一

---

① 国务院2014年发布的《关于调整城市规模划分标准的通知》中按城区常住人口数量将城市划分为五类七档。超大城市:城区常住人口1 000万以上;特大城市:城区常住人口500万至1 000万;大城市:城区常住人口100万至500万,其中300万以上500万以下的城市为Ⅰ型大城市,100万以上300万以下的城市为Ⅱ型大城市;中等城市:城区常住人口50万至100万;小城市:城区常住人口50万以下,其中20万以上50万以下的城市为Ⅰ型小城市,20万以下的城市为Ⅱ型小城市。

签,合同期内租金不作调整,租赁总年限一般不超过 6 年,着重解决阶段性居住困难,并实现房源的循环使用;三是公共租赁住房租赁价格按略低于市场租金水平确定,鼓励用人单位适当补贴,减轻职工住房消费负担。公租房只租不售重点解决存在阶段性居住困难的群体。为了满足众多单身申请人的住房需求,公租房政策还进行了优化升级,规定:达到法定晚婚年龄的单身人士①,可以承租一套二居室;单身人士还可自愿组合,承租二居室或三居室住房。

上海市公租房按供应对象可分为市筹公租房、区筹公租房和单位定向供应三大类。市筹公租房供应对象是全市符合一定条件的家庭,区筹公租房通常只针对在本区就业的家庭供应,产业园区或单位的公租房仅供园区内或单位职工申请。

(1)市筹公租房项目运行状况

上海市早期建设的五个市筹公共租赁住房项目运营至今配套设施已相对完善,它们分别是尚景园、馨宁公寓、馨越公寓、馨逸公寓和晶华坊,房源总数为 13 045 套,中小户型占绝大部分比例,租金水平基本定为市场价的 80%。所提供的房屋已按上海市公租房相关设计装修标准进行了精装修,并配置全套家具和家电设备,在下一轮租客入住时所有家具和家电全部换新。这五个市筹公租房上市初期户型与月租金价格如表 4.1 所示:

表 4.1　　　　市筹公租房上市初期房源与租金价格一览

供应项目	房源总数(套)	月租金(元)				面积(平方米)				每平方米月租金(元/月)
		一居室	二居室	三居室	宿舍	一居室	二居室	三居室	宿舍	
尚景园(杨浦)	2 201	约 1 970	2 540—2 930	2 970—3 240	/	约 50	67—72	80—82	/	约 40
馨宁公寓(徐汇)	2 900	1 700—1 900	2 600—2 800	3 100—3 300		40—43	61—63	74—78		约 44
馨逸公寓(徐汇)	2 222	1 800—2 400	2 400—3 100	/		41—49	57—62	/	/	约 46

---

① 法定晚婚年龄的单身人士:男性年满 25 周岁、女性年满 23 周岁的单身人士。

续表

供应项目	房源总数（套）	月租金（元）				面积（平方米）				每平方米月租金（元/月）
		一居室	二居室	三居室	宿舍	一居室	二居室	三居室	宿舍	
馨越公寓（普陀）	4 042	1 500—2 300	2 100—2 600	/	1 200—1 500	38—50	58—61	/	约34	约42
晶华坊（闵行）	1 680	1 606—1 757	2 229—2 588	2 727—3 070	/	约50	约75	约89	/	约32

注："/"表示无此户型。数据资料根据上海市各区公共租赁住房运营公司网站公开数据整理获得，下同。

该项制度设置的初衷是想解决"廉租房"和"共有产权房"之间诸如青年职工、引进人才及有稳定工作的外来务工人员这类"农业转移人口"的阶段性居住困难问题。然而在政策实施过程中，却经历了从一开始的"供过于求"到现在的"供不应求"的局面。在公租房项目推出初期，由于地处偏远配套不完善以及房屋租金较高等原因，公租房的出租率较低。近两年，公租房的交通配套和小区环境设施日益完善，并且租期较长和租金稳定的优势明显，因此获得不少外来务工人员的青睐。在2017年12月公布的房源信息显示（见表4.2），5个市筹公租房项目总计可供申请的房源数为0套，房屋出租率已高达100％。

表4.2　　2017年12月第四期市筹公共租赁住房房源信息

供应项目	房源总数（套）	可供房源（套）					出租率
		总数	一居室	二居室	三居室	宿舍	
尚景园（杨浦）	2 201	0	0	0	0	/	100％
馨宁公寓（徐汇）	2 900	0	0	0	0	/	100％
馨越公寓（普陀）	2 222	0	0	0	/	0	100％
馨逸公寓（徐汇）	4 042	0	0	0	/	0	100％
晶华坊（闵行）	1 680	0	0	0	0	/	100％

市筹公租房规定承租或居住使用本市市筹公共租赁住房累计满6年的家庭或单身人士,不得再次申请准入资格。只有在轮候后有剩余房源才可继续申请续租。这一年限的规定主要是为了公租房能够循环使用惠及更多的外来务工者。原本从2016年下半年开始,市筹公租房基本已经处于市场租赁出清的状态,而上海市最早的一批公租房于2012年租出,由于上述规定,6年期满最早的一批入住者将会搬出公租房,因此在2019年1月3日公布的公共租赁住房仍有可申请房源(见表4.3)。

表4.3　　2019年1月第四期市筹公共租赁住房房源信息

供应项目	房源总数（套）	剩余房源总数 一居室	剩余房源总数 二居室	可供房源（套）三居室	可供房源（套）宿舍
尚景园（杨浦）	0	0	0	0	/
馨宁公寓（徐汇）	98	20	67	11	/
馨越公寓（普陀）	154	58	21	/	75
馨逸公寓（徐汇）	0	0	0	/	/
晶华坊（闵行）	0	0	0	0	/

注:资料来源于上海市住房和城乡建设管理委员会网站。

(2)区筹公租房项目运行状况

为填补市筹公租房供应缺口,各区的公租房租赁有限公司通过新建、改建、收购和租赁等多元化的方式,积极拓展本区公租房房源筹措渠道增加公租房的供应规模。截至2017年底,徐汇区、长宁区、普陀区、闸北区、黄浦区、静安区、浦东区、闵行区、嘉定区、金山区、松江区等十余个区已启动区筹公共租赁住房受理工作。表4.4显示的是目前已经开始面向市场供应的部分区筹公租房项目。

表 4.4　　　　　　　　　部分区筹公租房项目一览

区域	供应项目	房源总数（套）	月租金(元) 一居室	月租金(元) 二居室	月租金(元) 三居室	面积(平方米) 一居室	面积(平方米) 二居室	面积(平方米) 三居室	每平方米月租金（元/月）	首批开始供应日期
长宁	晨和公寓	558	2 300—2 580	/	/	约50	/	/	/	2014.11
长宁	晨飞公寓	229	/	/	/	约28—37	约45	/	/	2014.11
长宁	晨翔公寓	167	/	/	/	约60	约80	/	/	2017.1
虹口	中湾公寓	122	1 072—3 072	/	/	17—52	/	/	60	2014.7
虹口	祥德路274弄	10	/	3 689—5 546	/	/	61—93	/	60	2014.7
虹口	宝博公寓	124	1 737—3 205	/	/	26—49	/	/	60	2015.3
虹口	彩虹湾	418	2 307—3 484	3 473—3 971	/	40—53	约60	/	60	2018.12
徐汇	田东佳苑	124	2 985—3 170	3 450—3 890	/	约56	约68	/	54	2012.10
徐汇	华悦家园	68	≥4 500	≥4 800	≥6 500	58—61	87—91	117—121	79	2014.8
徐汇	龙南佳苑	1 816	1 995—3 456	3 420—4 320	/	约35—48	约60	/	57—72	2018.1
浦东	浦东民邸·艾东苑	400	2 179—2 628	3 317—3 532	/	36—50	约60	/	53	2014.2
浦东	仁文公寓	562	2 240—3 440	3 280—3 570	/	41.74—60.83	63.61—65.53	/	—	2016.9
松江	华亭公租房	717	约1 000—1 200	约1 200—1 800	/	56—62	63—91	/	20	2013.1
松江	茸城新业苑	361	约1 600	约3 200	/	≤43	≤89	/	—	2018.1

注：数据来源于各区公租房投资运营有限公司网站资料。

通过与市筹公租房的对比可以发现，区筹公租房显现出如下几个特征：

首先，市筹公租房从 2012 年 5 月开始第一期供应，而区筹公租房项目启动较晚，各辖区发展不均衡。2014 年才开始集中有区筹公租房房源推向市场，并且有的行政区已筹集近千套房源推向市场，有的行政区至今还未正式启动供应工作。

其次,区筹公租房的房源地较分散,租金水平略高于市筹公租房。由于区筹公租房的房源许多是由原来的商品房或酒店式公寓转化而来,分布较为分散,通常混杂于商品房小区之中,尽管此举并不利于集中管理,但却更有利于满足多元化的市场租房需求。

再次,区筹公租房的租金定价由各区租赁公司按略低于市场价的原则自主定价,但普遍高于市筹公租房通行的约为市场价80%的租金定价标准。

(3) 农业转移人口"蓝领公寓"

随着来沪农业转移人口的数量日益增加,市筹公租房和区筹公租房现有房源数量尚不能满足数量较为庞大的农业转移人口的居住问题,于是由上海市各区人民政府主导规划,各工业园区企业以农业转移人口需求为导向,建立起租金低廉、便于对员工统一管理、集中居住的宿舍式公寓。

从2005年上海第一个民工公寓——嘉定区永盛民工公寓建成以后,各区为解决民工居住和管理问题,也纷纷建立了具有本区特色的农业转移人口蓝领公寓(见表4.5)。

表4.5　　　　早期投入市场的主要"农业转移人口公寓"项目

区域	项目名称	可容纳人数	月租金	投入使用时间
嘉定	永盛民工公寓	近万人	政府财政补贴为主	2005年
闵行	鑫泽阳光公寓	8 000人	150元/人[1]; 1 000元/套[2]; 1 500元/套[3]	2007年
浦东	高东公寓	/	60元/人(6人间); 150元/人(3人间)	2008年
宝山	果园公寓	1 500人	528元单人间; 880元双人间	2009年

[1] 经济型公寓类似学生宿舍,每个房间最多可容纳8人。
[2] 小康型公寓与经济型酒店结构相近。
[3] 温馨白领公寓为两室一厅或一室一厅,适合一户家庭租住。

农业转移人口住房项目是一个需持久投入的民心项目,各区政府在民工公寓项目建设前期都给予了大量的财政支持。2008年后,为了发挥市场在资源配置中的主导作用,上海市运用"政府搭台,社会运作"的思路,积极引导社会资本投入"蓝领公寓"这一服务型行业市场(见表4.6)。

表4.6　　　　　　　　已投入市场的"蓝领公寓"品牌项目

蓝领公寓项目名称	房屋类型(人/间)	投入使用时间
安心公寓	2—12	2012年
新起点连锁公寓	4—10	2014年
魔方9号楼公寓	1—8	2016年
如家逗号之家	4—6	2016年

这些蓝领公寓租金水平相对较低,以新起点连锁公寓为例:4人间租金每人625元左右,6人间每人585元左右,8人间每人565元左右,10人间每人550元左右。农业转移人口公寓申请门槛较低,且租金水平较好地匹配了低收入人群;运营模式规范化,加强了对流动人口的管理,但另一方面集体宿舍的模式又难以满足农业转移人口多样化的住房需求。在"蓝领公寓"集中住宿区周边配备公共交通、餐饮、商业、健身娱乐、医疗等基本生活服务设施,并设置社区治理和治安机构。随着公寓内的基本公共服务的完善,农业转移人口的居住环境得到了提高,为他们更好地融入城市生活提供了契机。

2016年上海市《关于进一步完善本市住房市场体系和保障体系促进房地产市场平稳健康发展的若干意见》(下文简称《意见》)中提出:"产业类工业用地配套建设租赁房等生活服务设施的,其建筑面积占项目总建筑面积的比例从7%提高到不超过15%。"《意见》将产业园区配建"租赁房"的上限提高了一倍,政府极大地鼓励产业园区为员工建设租赁住房。此外,相比面向个人的租赁住房,由产业园区直接向员工提供住房,一方面能够有效地减少转租炒房,便于管理,真正惠及农业转移人口;另一方面,对于企业来说,提供价格低廉的住房也能降低农业转移人口的流动性,留住工作经验丰富的蓝领工人。

2013—2017年上海市新增供应各类保障性住房共49.3万套,2014年和2015年这两年总计供应保障房数量为25.8万套,受去库存政策的影响,2016年新增保障性住房下降为5.2万套,但是2017年又增加至8万套(见图4.1)。这说明上海市政府一直非常重视农业转移人口的住房问题,通过引导投资建设保障针对性更强的"蓝领公寓"减轻外来务工者及其随迁人员的住房压力,让他们更安心地投入城市建设和企业生产中。

图4.1 上海市历年新增供应保障性住房量

(4) 政策实施效果

尽管上海市公租房申请的门槛不断下调,但是根据2015年市住房保障和房屋管理局统计资料显示,公租房总体出租率为80%,部分公租房小区在市场上供应遇冷的情况并不罕见。另外,尽管市房地局制定多项措施预防和加强对住宅小区"群租"现象的整治力度,但群租现象至今依旧普遍存在。究其原因目前上海市提供的公租房和蓝领公寓还不足以完全匹配外来务工人员的住房需求特征。这主要表现在以下几个方面:

①公租房布点位置偏远,工作便利性差。以上海为例,上海公租房小区基本都在中外环之间,有的甚至在松江、嘉定、闵行等外环以外区域内,由于工作交通的不便利性,导致许多公租房小区并不受外来务工人员青睐。

②公租房人均住房面积宽敞，租金成本高昂。以2013年上海新增的位于普陀区中外环之间的公租房项目馨越公寓为例，该小区房源约4 000套，其中，宿舍约34平方米，月租金约为1 200—1 500元；一居室约40—50平方米，月租金约为1 500—2 300元；二居室约60平方米，月租金约为2 100—2 600元。相比于调查数据所显示的外来务工人员在市场上所选择租赁的房屋整套面积平均20平方米，所支付月租金不超过百元而言，公共租赁房所设计的单身宿舍及一居室的人均面积较大，需要支付的月租金成本也相应上涨，远高于外来务工人员所愿意承担的租金水平。

③公租房申请轮候时间长，不能很好适应外来务工人员高流动性特征。一方面申请租用公寓，需要提交的申请材料复杂、审批手续烦琐，轮候时间长；另一方面外来务工人员受教育程度普遍较低，工作流动性强，失业率高，在公租房申请繁杂的申请手续和较长的轮候时间与快速通过市场中介租房的便利性两者之间，他们更倾向于选择后者。

④公租房房源供应规模有限，保障形式较为单一。本市目前外来常住人口已达到930万，但是目前上海市和区县建设筹措并投入使用的公租房仅3万余套，相比于实际住房市场需求，公租房的供应规模远远不够，而且相对于外来务工人员多元化的租房需求，所提供的公租房也并不能很好地满足其住房消费需求。课题组的走访调研结果也表明，近半数有租房需求的外来务工人员希望政府以租金补贴的方式提供住房保障，他们认为这样租房的灵活性和自由选择程度更大。人地矛盾突出（人口的快速膨胀、稀缺的建设用地等因素，不断推高住房价格）是上海解决农业转移人口住房问题的关键与难点。虽然对保障性住房的投入正在逐渐增加，但是优先解决本市低收入人群以及外来高知识人才的住房问题的政策倾斜使知识水平有限、收入水平较低、流动性较大的农业转移人口真正能够申请到公共租赁住房的人数十分有限。

2. 北京市住房保障模式与实施效果

北京作为超大型城市,为了加强对大规模外来流动人口的住房状况监测与管理,于 2007 年正式挂牌成立北京市流动人口和出租房屋管理委员会。2011 年 11 月,北京市出台的《北京市公共租赁住房申请、审核及配租管理办法》规定:"外省市来京连续稳定工作一定年限,具有完全民事行为能力,家庭收入符合上款规定标准,能够提供同期暂住证明、缴纳住房公积金证明或社会保险证明,本人及家庭成员在本市均无住房的人员,可以申请公共租赁住房。"由此,北京市逐步建立起将农业转移人口纳入城市住房保障的制度。

(1)共有产权住房①

2013 年底北京推出了自住型共有产权房,其中规定:非京籍家庭持有有效居住证,连续 5 年(含)以上在本市缴纳社保或个税,可以购买一套住房。此类住房比市场价低 30%,在购房后 5 年内不得上市,上市收益的 30%上交财政,具有一部分"共有产权"的属性。2014 年住建部等六部委将北京、上海、深圳、成都、淮安、黄石作为共有产权住房试点城市。进一步促进了北京对农业转移人口的住房保障建设。2017 年北京升级住房保障政策出台《北京市共有产权住房管理暂行办法》,该办法中关于共有产权房的准入标准规定如下:①共有产权房源优先配售给项目所在区户籍和在项目所在区工作的本市其他区户籍家庭;②申请家庭需符合北京市住房限购条件且家庭成员在北京市均无住房;③申请家庭成员包括夫妻双方及未成年子女。单身家庭申请购买的,申请人应当年满 30 周岁。

北京共有产权房个人与政府各占 50%的产权份额,其特点在于"封闭管理,内部循环"。申请家庭在拿到共有产权房的不动产权证满 5 年之后可以按照市场价格转让其自持的 50%产权份额,政府手中所占 50%比

---

① 共有产权住房是指政府提供政策支持,由建设单位开发建设,销售价格低于同地段、同品质商品住房价格水平,并限定使用和处分权利,实行政府与购房人按份共有产权的政策性商品住房。

例不变,转让后房屋的共有产权性质不变。北京市共有产权房屋的上市流转规定极大地降低了住房的投资属性,实现了保障房"房住不炒"的目标。截至2018年8月28日,北京市已上市(指结束网申或正在网申)的共有产权住房项目共有15个,涵盖8个区。尽管北京市共有产权房没有户籍限制,向农业转移人口开放,但是由于每个共有产权房最多也只有2 000套左右的规模,相对于北京市大量无房外来流动人口家庭而言,明显供不应求。以北京中铁碧桂园项目为例,2018年2月供应房源616套,位于地理条件相对优越的海淀区永丰产业基地,共有29 380户家庭参与摇号,中签率约为2%。而即便是位于市区较远的延庆区共有产权房项目东关天润·和丽嘉苑,在2018年1月供应房源620套,共有8 710户家庭参与摇号,中签率也低至7%。可见,此项政策并不能惠及大部分农业转移人口。

(2)公共租赁住房

2009年,北京市住房和城乡建设委员会等部门联合发布《北京市公共租赁住房管理办法》,在全国率先推出公共租赁住房,并开展了建设项目试点工作。2011年,北京市政府发布实施《关于加强本市公共租赁住房建设和管理的通知》,完善了公租房建设和管理制度,降低了对于申请公共租赁住房的申请条件,使得公租房的政策真正能惠及普通农业转移人口。2014年北京市房管局出台《关于进一步加强公共租赁住房分配管理的通知》进一步提高了公共租赁住房的分配效率,加快解决农业转移人口住房困难问题。2018年6月15日,北京市住建委会同市公安局、市规土委联合发布了《关于发展租赁型职工集体宿舍的意见(试行)》,其中提出租赁型职工集体宿舍的供应对象为:"增加租赁型集体宿舍,主要提供给外来在京务工的、且收入不高的服务人员。"而租赁型职工集体宿舍的房屋来源为:"集体建设用地、低效闲置的厂房、闲置的商场写字楼等都可作为筹措集体宿舍的来源。"表4.7为2016—2017年北京保障性安居工程建设情况。

表 4.7　　　　　　　　　保障性安居工程建设情况　　　　　单位：万平方米

项　目	2017 年	2016 年	两年比率
施工面积	4 277.5	3 952.4	108.2
经济适用房	204.8	236.9	86.4
限价房	527.4	606.7	86.9
公租（廉租）房	320.3	450.7	71.1
定向安置房	3 224.9	2 658.1	121.3
竣工面积	351.7	663.9	53.0
经济适用房	47.5	28.5	166.7
限价房	70.1	95.3	73.6
公租（廉租）房	35.5	161.1	22.0
定向安置房	198.6	379.0	52.4
本年新开工面积	1 023.1	1 051.9	97.3
经济适用房	17.5	62.1	28.2
限价房	34.0	244.3	13.9
公租（廉租）房	52.1	122.5	42.5
定向安置房	919.5	623.0	147.6

北京市 2017 年的保障性安居工程较 2016 年有所增加，其中定向安置房的比例大幅增加，而公租房的施工面积有所减少。据统计，北京市外来常住人口从 822.6 万下降到了 794.3 万，因此，北京公租房的建设有所放缓。此外，北京市也更加注重公租房建设的质量问题，农业转移人口的居住环境可以得到一定改善。图 4.2 是 2011—2017 年北京市保障性住房的施工面积情况。

北京市每年的保障性住房面积处于较为稳定的状况，基本上都在 4 000 万平方米左右的水平。2015—2017 年，北京市外来常住人口从 822.6 万下降到了 794.3 万，但从图 4.2 中可以看出这三年北京市保障性住房面积却呈逐年上升趋势。这一不匹配现象表明北京市希望能通过

（万平方米）

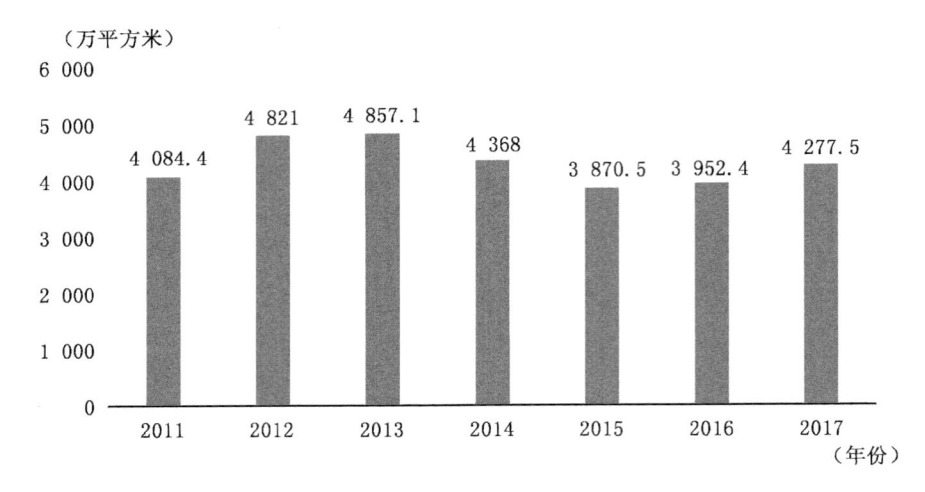

```
6 000
5 000    4 821  4 857.1
     4 084.4        4 368          3 952.4  4 277.5
4 000                    3 870.5
3 000
2 000
1 000
   0
     2011  2012  2013  2014  2015  2016  2017
                                          (年份)
```

图 4.2　2011—2017 年北京市保障性住房的施工面积状况

建造更多惠及外来人口的保障性住房来优化农业转移人口的居住空间。在增加保障性住房面积的同时，北京市更加注重公租房的质量问题，2017年北京市有三个公租房项目凭借各自的项目特色获得了中国人居环境范例奖（见表4.8）。

表 4.8　　　　2017 年面向农业转移人口供应的公租房建设获奖项目

项目名称	建筑面积（平方米）	可供公租房套数（套）	特　点
通州马驹桥项目	137 365	3 004	开窗见景、户户向南
海淀温泉 C03 项目	43 987	1 046	"两轴一心"空间结构[①]
郭公庄一期（北区）项目	64 257	1 418	首个开放式街区公租房

（3）政策实施效果

根据北京市共有产权住房和公共租赁住房的申请门槛来看，对农业转移人口的要求仍然较高。北京的公租房整体入住率较高，解决了部分

---

① 北部 4 栋楼的"住宅轴"和南部 3 栋楼的"居住服务轴"，两轴合围成中央绿地广场，成为住区的"景观中心"。

中低收入家庭的困难。同时,由于北京要疏解非首都功能、减少城市中心人口的政策导向,因此集中建设的公租房选址一般都在较为偏远的区县,这导致农业转移人口入住后的"职住分离"现象较为严重,并增加了城市交通营运负担。

(二)特大城市的住房保障体系——以重庆、成都、西安为例

1. 重庆市住房保障模式与实施效果

重庆市是我国的重要直辖市,同时也是长江上游最大的经济中心,在2017年底,重庆市的外来人口达到了167万人,其中不乏"新生代"农业转移人口,因此对于重庆市来说,住房保障体系的建立也是至关重要的。

(1)改造城市闲置楼房为廉价农业转移人口公寓

自2005年开始,重庆开始探索农业转移人口城市住房的解决措施。重庆主城南岸区采取"政府投入、社区管理、市场运行、以寓养寓"的模式,将城市中的存量房(空置楼房和烂尾楼)改建为阳光公寓。重庆南岸区投资250余万元建成7个"阳光公寓",阳光公寓租金价格低廉,按1元每天每床低价推出,又号称"一元钱公寓"。这类公寓非常适合流动性强以及刚到城市正在寻找工作的农业转移人口,但是对于希望长期融入城市的农业转移人口来说,尤其是与新生代农业转移人口对于生活质量的追求以及对于城市生活的向往相悖。

从图4.3可以看出重庆市对于住房保障的支出在2012年达到了顶峰,随后有所回落,至2017年有所上升,这与常住人口和外来人口的上升趋势相矛盾,主要原因是2010年"5+1"住房保障体系提出之后,2011—2012年重庆市政府是通过大量建造公共租赁房来创造住房增量,而2013年之后重庆市政府通过盘活现有闲置住房、改造旧房等措施来有效利用存量房源,达到提供住房保障房源的目的。

(2)"5+1"住房保障模式

2010年,重庆在全国开始率先进行大规模公共租赁住房建设。以公租房为核心,与经济适用住房、廉租住房、危旧房和棚户区改造安置房、城中村改造安置房、农业转移人口公寓五种保障方式一起,形成"5+1"多元

（万元）

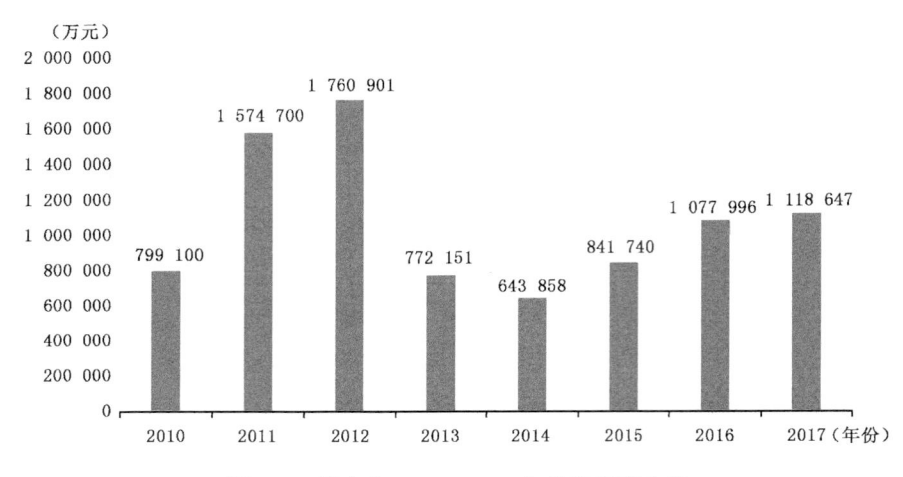

图 4.3 重庆市 2010—2017 年住房保障支出

化的住房保障体系,力求城市保障性住房的全覆盖。在申请条件上,重庆市公租房政策的保障对象范围较广,在年龄条件上要求申请人年满18周岁;资产要求在主城区工作的本市无住房或家庭人均住房建筑面积低于13平方米的住房困难家庭;大中专院校及职校毕业后就业人员及进城务工、外地来主城区工作的无住房人员;参加工作三年以内的无住房的公务员。由于重庆市的外来人口压力没有超大城市那么高,因此重庆市住房保障政策的受益面较广,有利于农业转移人口融入城市。

2010—2017年,重庆市的城镇化率从53%上升到64%,农业转移人口的准市民化率在不断提高。2018年重庆市出台《重庆市公共租赁住房管理暂行办法》及《重庆市公共租赁住房管理实施细则》,其中明确表示承租人在租赁5年期满后,可选择申请购买居住的公共租赁住房。这不仅仅使农业转移人口能够获得价格低廉的住房、改善其居住条件,"租转购"政策可以强化对农业转移人口在务工地的住房保障,尤其是对于留城意愿更为强烈的新生代农业转移人口,获得保障房的产权有助于农业转移人口在城市开展长期工作和生活计划,提升新生代农业转移人口的就业和居住稳定性。

（3）政策实施效果

2005年的廉租公寓政策虽然能够解决高流动性农业转移人口的暂时性住房问题,但是居住环境、周边设施的不完善以及对重庆市政府的财政压力决定了这个政策并不能长久运行。而且廉价公寓对于外来务工人员的入住要求较低,规范管理较为困难。2010年提出的"5+1"住房保障体系,公租房5年可购买的政策,充分的形成具有重庆特色的保障中低收入人群的城市住房供应体系。但是公租房的选址一般都较为偏僻,周边配套的医疗、教育、工作等设施不完善,会使得新生代农业转移人口为更好的生活质量将保障性住房转让或租出,去中心城区买房或租房。因此新生代农业转移人口的住房保障问题不应只满足于现阶段住房条件的改善,还应该着眼于新生代农业转移人口市民化的内在需求,加强新生代农业转移人口"市民化"转化速度,提升新生代农业转移人口的城市生活幸福感。

2. 成都市农业转移人口住房保障模式与实施效果

（1）四川省的整体住房保障政策

为了解决农业转移人口住房困难问题,四川省从21世纪初开始就进行了持续有效的探索。特别是近几年,更是加快了完善农业转移人口住房保障的步伐。2013年四川省住房和城乡建设厅制定了《"农业转移人口住房保障行动"工作方案》,把统筹安排城镇住房保障体系纳入进城农业转移人口的住房问题。2015年四川省出台了《加强农业转移人口住房保障工作指导意见》,规定供应农业转移人口的公共租赁住房比例为30%,平均租金比市场租金低50%左右,加快促进农业转移人口公租房"租改售"以及农业转移人口住房公积金制度。2016年四川省出台了《促进经济稳定增长和提质增效推进供给侧结构性改革政策措施》:全面放开落户限制(除成都市)来促进农业转移人口城镇化,支持农业转移人口使用住房公积金贷款购房。全省住房公积金个贷率保持在80%以上;商业性个人住房贷款首套房最低首付比例为20%,再次申请贷款的最低首付比例为30%;推行公共租赁住房货币化,2016年不再开工新建公共租赁住房,以政府优惠的方式鼓励房地产开发企业将持有的存量房源向社会出租。

(2)成都市的具体住房保障政策

2008年成都市将进城务工的农业转移人口首次纳入了城市住房保障范围,陆续出台了《关于促进进城务工农村劳动者向城镇居民转变的意见》《关于促进进城务工农村劳动者进城定居的实施办法》《关于进城务工农村劳动者申购经济适用住房的有关具体问题的通知》《关于我市进城务工农村劳动者购房进行补助有关问题的通知》等一系列文件。

2008—2015年,成都市的城镇化率从63.58%上升到71.47%,农业转移人口的准市民化率不断提升(见图4.4)。通过向城镇居民转变,农业转移人口可以平等的享受和市民包括住房在内的一系列基本权益。这一做法在合理保障了进城农业转移人口共享改革发展成果的同时,也助力于社会公平的实现,有利于城市的统一规划与管理。

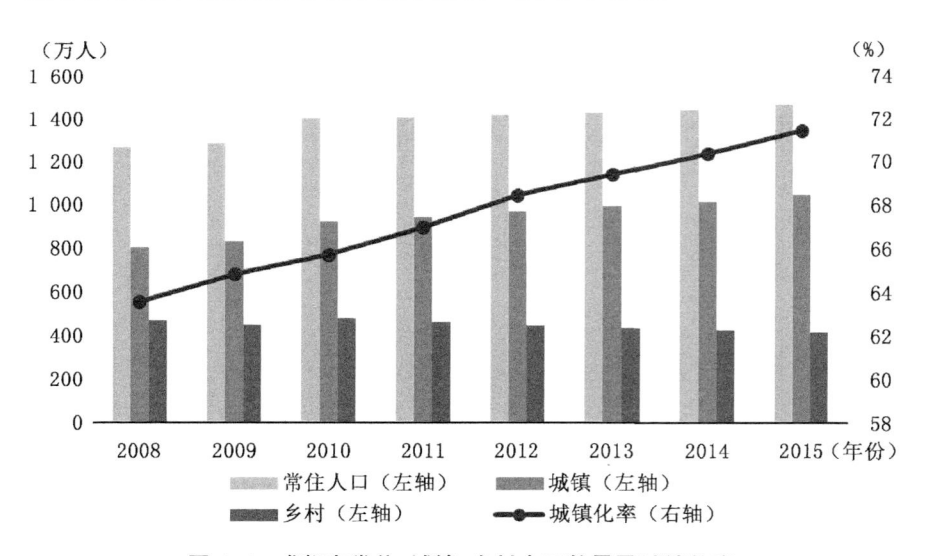

图 4.4 成都市常住、城镇、乡村人口数量及城镇化率
注:数据来源于《2016年成都统计年鉴》。

经过住房保障体系的不断完善,在2013年,成都市建立起了更为成熟的经济适用住房、限价商品房和公共租赁住房三种住房保障方式来解决外来务工人员的住房问题。经济适用房主要针对拥有成都市本地农村户籍的人群。限价商品房的保障,可由具有本市户籍和非本市户籍的人申购,但具体要求有异。公共租赁住房没有严格的户籍限制,为外省农业转移人口放开保障的大门,具有成都市户籍或持有成都市居住证都可以申请。2015年出台了《关于实施公共租赁住房和廉租住房并轨运行的通知》,实行全市公共租赁住房和廉租住房全面实行并轨为公共租赁住房,进一步统筹整合了成都市住房保障制度。表4.9是成都市各类保障性住房供应细则。

表 4.9　　　　　　　　　成都市各类保障性住房供应细则

保障类型	申购对象	申购条件	保障标准
经济适用住房	凡户籍属于我市农村,在五城区(含高新区)务工的进城务工农村劳动者,主申请人户籍属于成都市行政区域,并在五城区(含高新区)缴纳城镇职工社会保险,家庭人口两人以上(含两人)	家庭年收入5万元以内	无城镇自有产权住房(包括"新居工程"的安置房)及其他用途房屋的家庭
限价商品房	具有成都市户籍,主申请人在五城区(含高新区)务工,家庭人口两人以上(含两人)	家庭年收入7万元以内	无自有住房或现有人均住房建筑面积低于16平方米的家庭
	具有成都市户籍,在五城区(含高新区)务工	年收入3.5万元以内	年满28周岁,无自有住房的单身居民
	具有非成都市户籍,夫妇双方或离异(丧偶)带有子女的家庭,其中主申请人在五城区(含高新区)务工,且连续在五城区(含高新区)缴纳三年以上城镇职工社会保险	家庭年收入7万元以内	无自有住房的外来从业人员家庭
公共租赁住房	具有本市户籍或持有成都市居住证,与用工单位签订劳动(聘用)合同并缴纳城镇职工社会保险	个人年收入5万元以内	在中心城区无自有产权住房和未承租公房的居民,可通过用工单位申请集体合租公共租赁住房

注:根据成都市住房保障中心网站公开数据资料整理。

成都市2008—2012年全市累计竣工的保障性住房6.8万套,2013—2017年全市累计竣工保障性住房8.4万套。保障性住房的增加,进一步满足了外来农业转移人口的住房需求。除此之外,成都市政府还出台了《关于做好2017年进城务工人员随迁子女接受义务教育工作的指导意见》等措施,综和统筹保障进城务工人员的各项基本权益。

(3)政策实施效果

成都市的住房保障是"租售并举"的模式,覆盖范围较广并且准入条件大大低于上海和北京等超大城市。本地农业转移人口配售经济适用房,外省农业转移人口配售限价商品房,对无购房能力的农业转移人口实行公共租赁住房配租。为建立宜居生活城市,还为农业转移人口建立就医、教育、养老、文化等一系列配套公共服务。但是,成都市农业转移人口的工资水平仍然较低,这也成了制约农业转移人口在成都购买限价商品房的关键因素。

3. 西安市农业转移人口住房保障模式与实施效果

西安作为我国西部的特大城市,又作为陕西省的省会城市,是西部的重点发展对象,从2010年到2017年,西安市的常住人口从847.41万人增加到了961.67万人,7年增加了114.26万人。在非城镇人口中,青壮年农业转移人口以及外来务工人员占到很大一部分比例。解决这部分人的住房问题,成了西安市政府的重要课题。

(1)"两房并轨"

在2014年12月,西安市发布《西安市租赁型保障房建设管理实施办法(试行)》,明确将公租房和廉租房合并为租赁型保障房,即"两房并轨"。该办法规定租赁型保障房向有稳定职业且在本市居住一定年限的外来务工住房困难人员放开。原本的廉租房只能够保障本地户籍的贫困人口,而"两房并轨"之后,对于外来务工人员的保障性住房的房源扩大,对于外来有暂时性住房困难的农业转移人口的保障力度增大。

(2)"双20%"的优先保障原则

2018年9月14日,西安市房管局召开住房供给侧改革通气会,发布《西安市深化住房供给侧结构性改革实施方案》,着力打造"双20%"的优先保障原则,其中"双20%"是指:①全市20%的居住用地,用于公共租赁住房建设,重点解决城市中低收入住房困难家庭、各类人才、院校毕业生、农业转移人口住房问题和相应的子女入学、就医等配套问题;②20%的居住土地,用于限地价、限售价的"双限房"建设,以共有产权的形式,解决中等以下收入住房困难家庭和无自有住房各类人才的居住问题。双"20%"的政策不仅让符合条件的农业转移人口的住房房源得到保障,还解决了农业转移人口家庭的相关设施配套问题,切实为农业转移人口的长远发展和居住问题考虑。

一方面农业转移人口受户籍制度的制约,在务工地的就业、教育、住房等方面得不到相关的保障;另一方面新生代农业转移人口渴望在城市长期发展,但是该群体的整体收入水平与社会财富的增长速度仍有一定差距,所以城中村或是群租房则成为了他们的主要居住空间。西安市双"20%"优先保障住房的政策,能够改善部分农业转移人口的居住环境,促进城乡资源共享。

(3)政策的实施效果

在如今放开的户籍制度要求下,西安市保障性住房的建设位列全国前列。2017年西安市常住人口的大幅增加,说明有大量外来人口涌入。但是西安市出台的廉租房政策主要针对本地的低收入人群和农业转移人口。而外来农业转移人口需要满足5年的常住户口,这一要求较高。"双20%"政策保障了优惠型住房用地,保证了房源的充足性,在一定程度上缓解了不断上涨的房租,减轻了外来农业转移人口的压力。

(三)大城市的住房保障体系——以长沙、南宁为例

1. 长沙市农业转移人口住房保障模式与实施效果

2001—2016年,长沙常住人口增加150.65万人。2000—2010年年均增加9万人。2016年常住人口为764.52万人,2011—2016年年均增加10万人,这6年比前十年年均多增1万人。其中青壮年农业转移人口占很大一部分比例,如何解决这一部分人的住房保障问题成了长沙市政府的重要课题。

(1)公共租赁(廉租)住房

2005年出台的《长沙市农民进城就业廉租住房管理办法》规定与本市用工单位签订劳务合同,月平均收入1 200元以下,本市五区外的农业转移人口可以申请。2011年出台的《长沙市人民政府关于加快发展公共租赁住房的工作意见》将外来务工人员纳入非定向配租的范围。2015年初出台的《长沙市人民政府关于推进长沙市公共租赁住房和廉租住房并轨运行的实施意见》将原廉租房保障对象(具有本市户籍的低收入人群)并入公共租赁房保障对象。2017年长沙公租房新规《关于进一步加快发展公共租赁住房的工作意见》鼓励专业运营机构购买或长期租赁符合条件的社会存量住房(商品房、保障房、安置房、自建房等)作为公共租赁住房,优化住房资源配置,加快公共租赁住房有效供应(见表4.10)。

表4.10　《长沙市公共租赁住房保障资格审核实施细则》修改前后对比

申请对象及条件	2015年	2017年
外来务工人员	1. 本人及家庭在本市市区范围内无房; 2. 与市区用人单位签订劳动合同已满1年,且申请之日前已连续缴纳社会保险3年以上(含); 3. 持有本市城区有效居住证; 4. 符合本市城区中等偏下收入标准	1. 本人及家庭在本市城区范围内无自有住房; 2. 与本市城区用人单位签订劳动合同已满1年,且申请之日前已连续缴纳长沙市城镇职工基本养老保险1年以上(含); 3. 持有本市城区有效居住证; 4. 符合本市城区中等偏下收入标准

经过2015年和2017年对于公共租赁房申请对象的细则对比可以看出:对于"外来务工人员",将连续缴纳长沙市城镇职工基本养老保险由3年转变为1年,从时间上放宽了外来务工申请住房保障的限制。

从表4.11中可以看出,上述公租房的入住率可达到90%以上,以政府建造为主,企业建造为辅。公租房利用效率较高。同时也可以看出公租房主要以产业园区或是职工宿舍为主,对于刚参加工作有暂时性租房需求的农业转移人口能够提供有效的帮助。一般来说,公共租赁房主要由政府出资建设,政府财政压力大而且建设时间长,房源少且地理位置不佳,职住分离情况严重。而长沙市政府有效地鼓励了企业自建公租房,合理地增加房源,也避免了职住分离的情况。

表 4.11　　长沙市公共租赁住房(部分)建设、入住情况明细表　　单位:套

产权类别	项目名称	交付使用	在建套数	2017年6月入住套数
企业自建	"梦工场"d-1栋公租房		300	
	黄花机场公租房	300		300
	开元仪器公租房	100		76
	榔梨卫生院公租房	33		33
	南方长河公租房	40		40
	千山医疗器械产业园公租房		149	
	有色地质勘查局二四七队公租房	135		99
	运想科技产业基地公租房		126	
	长沙机场金鹏名都公租房	120		103
	长沙牧泰莱公租房		127	
	中部智谷7号栋公租房	578		365
	众泰公租房	170		170
政府投资	板桥公租房	1 060		1 060
	干杉公租房一期	554		454
	金井镇公租房		90	
	榔梨公租房四期	512	522	512
	榔梨公租房一期二批次公租房	1 579		1 579
	榔梨公租房一期一批次公租房	1 851		1 851
	榔梨廉租房	84		79
	盛地领航城公租房		240	
	时代新城廉租房	38		36
	水渡坪一期廉租房	0		0
	湘瑞家园廉租房	4		4
	湘绣苑(水渡坪二期)廉租房	210		210
	湘绣苑公租房	1 516		927
	幸福家园公租房	818		799
	易通新城公租房		1 089	
	紫华郡公租房		724	

注:资料来源于长沙市人民政府网站。

(2) 城中村改造

2010 年长沙市政府出台《推进城中村改造试点工作的意见》提出将"城中村"村民农业户口改登为城镇居民户口。2014 年出台《长沙市人民政府关于加快推进城中村改造工作的意见》，对城中村将原已办理或未办理集体房屋产权证的，可换发或办理国有土地上的房屋产权证，房屋维修资金交存标准按经济适用房标准的 50% 缴存。利用农村集体土地建设农业转移人口公寓，将城中村的农业转移人口户口登记城镇市民。农业转移人口公寓中既包括单间集体宿舍也包括少部分小面积套间。

(3) 住房公积金

2008 年出台了《长沙市人民政府关于着力解决农业转移人口问题的意见》，其中指出要完善农业转移人口的住房公积金制度。2012—2017 年不断完善住房公积金的提取管理，不断放宽提取额度，简化提取流程，方便农业转移人口的购房和租房。2018 年印发了《长沙住房公积金缴存管理办法》，同时废止了 2016 年的《关于灵活就业人员建立住房公积金制度的通知》，对于灵活就业人员（包括农业转移人员）的缴存基数和缴存比例进行了重新统一划定，有利于进一步保障农业转移人口的公积金缴纳的权利。

(4) 政策实施效果

虽然近年来长沙市的农业转移人口住房保障政策取得了一定程度的进展，但是仍然存在较多的制约因素，例如：住房租赁市场不够完善导致公租房信息无法有效传达；政府资金和土地来源不足造成的用地效率较低；农业转移人口本身不太了解住房公积金制度而不去缴纳；等等。只有解决好一系列配套制度问题，长沙市的农业转移人口住房保障制度才能尽可能地发挥最大的作用。

2. 南宁市住房保障模式与实施效果

广西壮族自治区作为少数民族的聚居地，为了促进该地区的发展，国家对其经济扶持的力度相对较大，在农业转移人口保障房方面也给予了较大支持。当前南宁市的住房保障模式以实物保障为主，由政府筹集资金来投资建设。

(1)公共租赁住房

在2012—2016年期间,南宁市的公共租赁房实际竣工和实际分配入住情况均呈现出上涨趋势,实际竣工情况由2012年的1 624套增加到2016年的10 770套,实际分配入住情况由2013年的2 078套增加到2016年的12 072套。加强推行公共租赁住房保障项目,更好地改善了农业转移人口的居住环境,降低了他们的住房成本。

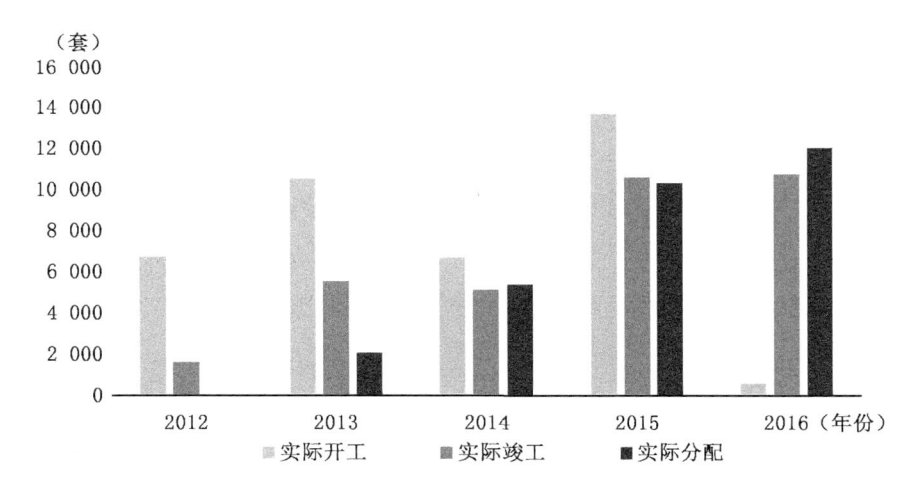

注:①2016年数据为1—10月数据;②2015年廉租房纳入公租房统计,公租房实际开工套数包含6套2014年结转;③2015年实际分配入住包含2014年结转公租房906套。

图4.5 2012—2016年南宁市公共租赁房建设完成情况

(2)城中村改造保障房

从2004年南宁市印发《南宁市"城中村"改造建设管理若干规定》到2013年出台《南宁市人民政府关于加快推进城中村改造的实施意见》,南宁市政府对城中村的改造工作一直在稳步推动之中。南宁市共有70多个城中村,2017年将对快环内的46个城中村进行重点整治,重点建设南宁市江南静脉产业。城中村的房屋、清洁、环卫等方面的改造,有利于提高农业转移人口的居住水平,增加了他们的城市融入感。

(3)限价商品房

2013年《南宁市限价普通商品住房管理办法》在2009年文件的基础上放宽了对外来务工人员的申购条件:①非本市城区范围内户籍;②家庭人口两人(含)以上;③能提供在本市城区范围内累计两年(含)以上纳税证明或社会保险缴纳证明的无自有住房家庭。南宁市是联合国人居环境奖的宜居城市,外来务工人员在此生活居住的愿望较高,随着南宁市政府放宽限价商品房的申购条件,增加了外来务工家庭在此安居的机会。

(4)政策实施效果

南宁市农业转移人口保障性住房的申请条件相对宽松,公共租赁住房的实物配租条件不再做规定,外来农业转移人口申购限价商品房只需两年的纳税或社保缴纳证明,并且对城中村的改造也处于稳步推进之中。但是仍然存在着部分保障性住房项目基础配套设施滞后、城中村改造参差不齐、基层住房保障机构和人员配备不足等较为突出的问题。

(四)中等和小型城市的住房保障体系——以湖州、嘉兴为例

湖州和嘉兴紧靠上海和杭州,地理区位优势较为明显,承载了很多上海和杭州转移的制造产业和服务业,因此吸引了较多的外来流动人口,也因此推进了两地农业转移人口住房保障制度的建设与完善。

1. 湖州市农业转移人口住房公积金制度与实施效果

(1)住房公积金制度

2003年12月湖州市出台了《湖州市城镇非公有制企业建立住房公积金制度试点工作宣传提纲》,将非公有制企业纳入了住房公积金保障制度。这一举措惠及了非公有制企业的主流就业群体——农业转移人口。将农业转移人口纳入住房公积金体系有助于解决农业转移人口的住房问题;促进社会公平正义,加快城镇化的进程。考虑到非公企业实施住房公积金制度刚起步,对其实行低门槛进入——单位和务工者每月最低缴存66元。2006年,进一步放宽了农业转移人口提取公积金支付房租的条件。公积金连续缴存6个月以上的农业转移人口,可每半年提取一次公积金支付房租。截至2012年8月,湖州市已为11万名农业转移人口设

立住房公积金账户。自2015年以来,湖州重点搭建"中心—乡镇—企业"网格化扩面宣传工作机制,全市发放《催建催缴通知书》489份、《责令整改通知书》32份,其中安吉县发放12份,有力地促进了制度扩面工作的开展。2016年,围绕国务院《居住证暂行条例》,从制度和机制上着手推进"新市民"扩面建制工作,主动与重点乡镇、工业园区进行对接工作,在南浔区10个乡镇(开发区)设立"住房公积金服务站(所)"。让"新市民"享受公积金各项保障。2017年又优化了公积金服务流程,业务办理完成率"跑零次"实现53.33%,"跑一次"实现100%。将"住房公积金服务窗口"设立在吴兴区5个乡镇、南浔区9个乡镇(开发区)、德清县12个乡镇(街道)、安吉县12个乡镇(街道)、长兴县17个乡镇(街道、园区),实现了群众在"家门口"即可办理公积金业务。

(2)政策实施效果

较广的覆盖范围、较高的服务效率是湖州市住房公积金制度的特色所在,但是农业转移人口住房公积金缴纳额度较低,这虽然符合农业转移人口收入水平较低的特点,但同时也造成了农业转移人口用公积金贷款比例较低,对于购买城镇住房仍然有一定难度。公积金提取用于支付房租有连续缴纳的期限限制,对流动性较高的农业转移人口来说也存在一定难度。

2. 嘉兴市城乡联动"准市民化"保障模式与实施效果

(1)农业转移人口准市民化

保障好进城农业转移人口的合法权益是国家和社会面临的重大课题,做好此项工作需要从住房等多方面开展,其目的是为了实现改革发展成果全社会共享的局面。其中推进农业转移人口市民化有利于从根本上解决农业转移人口与城市人口享受权益不平等这一问题。2008年,嘉兴市统筹城乡综合发展,对凡具有本市常住户口的农村居民户出台了"两分两换"政策。"两分"指的是宅基地与承包地分开,搬迁与土地流转分开。"两换"是指:①用土地承包经营权换股、换租、换保障,推进农地集约化经营;②以宅基地换钱、换房、换地方,推进居住空间的集中化管理和布局,转换社区邻里的融合模式。近几年嘉兴市又创新出了就地城镇化和"1+X"两种模式,其中"1+X"模式则更体现了嘉兴市城镇化建设工作的统一性和特色。"1"指新型城镇化建设,"X"指各个领域,包括基础设施、公共服务和环境等方面。推进农业转移人口市民化进程的显著成效,使得嘉兴市近年屡获殊荣,2014年嘉兴市被列为国家新型城镇化综合试点,2015年被列为全国首批新型城镇化标准化试点城市。2017年末,市城镇人口占常住人口的比重(城镇化率)达到64.5%,比2016年高出1.6个百分点,排省内第三位。

(2)政策实施效果

嘉兴市的"两分两换"政策为全国新型城镇化提供了典范,但是在实施过程中也出现了一些问题亟待解决,例如:农户宅基地置换城镇住宅的补贴为政府财政压力带来了较大的负担;农户的再就业培训等配套措施建设仍然不够完善;等等。而且这只是针对嘉兴当地农户的政策,对外来农业转移人口的住房保障措施仍有待开发。

(五)不同级别城市间农业转移人口住房保障体系比较

受制于我国的二元户籍制度,新生代农业转移人口在许多城市中不能获得与本地市民完全相同的福利和政策待遇,因此解决新生代农业转移人口的住房问题,并增强务工城市对新生代农业转移人口及其随迁家人的就业、学习、生活、社会保障等的包容度是各地政府的重要课题。

1. 超大型城市的公租房项目已普遍向农业转移人口开放,但受资源限制租金高、轮候时间过长、地域偏远、合同年限长等制度设置并不能很好地匹配农业转移人口的住房需求特征。超大型城市农业转移人口的流入人数规模与其他城市相比较大,所以在解决农业转移人口住房问题方面要求也更为急迫,因此兴建公共租赁房和农业转移人口集体公寓的方式成了这些城市的首要选择,如此可以较为迅速地解决大量农业转移人口住房问题。公租房对于农业转移人口来说确实能减轻租金压力,但超大型城市中公租房价位只比市场价低80%左右,仍高于他们的租房承受能力,老一代农业转移人口希望存储更多的返乡养老金,新一代农业转移人口希望为购房储备更多资金,他们更期待租金更低的公租房推出。超大城市由于土地资源稀缺和人口过于饱和,企业配置农业转移人口宿舍数量少,公租房整体选址一般集中于偏僻地区,这样便于人员管理,但增加了农业转移人口的通勤时间和城市的交通压力,导致农业转移人口的申请动力不足。农业转移人口还会注重于留在城市发展的机会,公租房的集中建设使得不同社会群体之间的交流较少,同时超大型城市的户籍制度管理非常严格,农业转移人口打破城乡二元化户籍身份融入"主流群体"的难度极高。

2. 超大城市结合当地特色优势来解决农业转移人口住房保障问题,但部分城市设置的准入门槛较高,工作年限短、技术职称不高的新生代农业转移人口直接被排斥在外。特大城市与相对于超大型城市人地矛盾问题相对缓和,部分城市尝试打破城乡户籍二元制,通过一系列与住房保障相关的配套制度来促使农业转移人口向市民身份的转化,让他们享受与城市居民同等的住房保障政策。例如成都实行的"租售并举"政策,可在户籍政策放松的前提下从根本上解决农业转移人口的购房问题。杭州充分利用"互联网+"模式增强公共租赁住房的信息公开,减少信息不对称现象。但也有部分城市的公租房项目开放度较低,例如杭州对外来务工人员申请公租房就涉及学历、工作年限、职称、年龄等各方面的综合要求,新生代农业转移人口由于职称和年龄的限制,老一代农业转移人口由于学历的限制,甚至还达不到准入的门槛。

3. 大城市对于农业转移人口的保障主要以公共租赁住房为主,部分采用住房公积金制度保障农业转移人口租房。由于老一代农业转移人口教育程度和期望职业较低,因此他们大多忽视住房公积金的缴纳。而"新生代"农业转移人口希望在务工地长期工作定居,大型城市完善农业转移人口住房公积金制度对新生代农业转移人口的租房和购房压力减轻,加速农业转移人口市民化进度有着更为积极的意义。相对于特大型和超大型城市,大城市的房价水平相对较低,房价收入比较低,因此农业转移人口的购房租房压力相对较小。省内流动的农业转移人口以及承载农业转移人口居住的城中村数量相对较多,因此集中解决城中村问题就可以对农业转移人口的住房保障起到较大的作用。各项租房、购房、落户政策比较宽松,因此更有利于农业转移人口在务工城市安居乐业。

4. 中小型城市户籍开放度高,新生代农业转移人口可以真正享受与本地居民同等的住房保障政策。中小型城市目前的户籍开放程度相对较高,落户要求低,为了吸引新生代农业转移人口参与城市建设,部分城市已经明确制定出向外来务工人员倾斜的住房保障政策,打破城乡户籍二元制,通过一系列与住房保障相关的配套制度来促使农业转移人口向市民身份的转化,让他们真正享受到与原著市民同等的住房保障政策,为新生代农业转移人口的安家落户提供政策支持。但在部分中小型城市保障性住房的各项配套措施的资金不足导致建设相对滞后,在解决农业转移人口住房保障问题上更多的是集中人力、物力,采取某一方面的具体措施来解决特定的住房问题,缺少项目建设规划的完整性及提供持续性保障,同时受地区经济发展制约工资收入水平较低,部分新生代农业转移人口的留城意愿并不是十分强烈。

第五章　国外城市移民的住房保障模式比较与借鉴

国外虽没有与"新生代农业转移人口"内涵完全相同的概念，但在许多国家快速城市化阶段，快速涌入发达城市的移民工人、贫民窟居民、迁移人口这类城市移民群体都与农业转移人口群体存在较强的类比性。在20世纪50年代甚至更早，为缓解低收入居民和城市移民的住房困难问题，欧美等许多发达国家和地区开始在城市远郊地区集中大量收购或建设保障性房屋。应用集中规模化建设保障房的模式低成本、大批量地解决了大量低收入城市移民的住房问题。但随着时间的推移，早期在欧美许多发达城市中大规模集中兴建保障房的区域后续都成了人口密集、移民数量高、种族隔离、犯罪率高、社区氛围消极等一系列社会问题频发的"贫民窟"，城市治理也为此付出了沉重的代价。此后，国外的住房保障措施围绕着房源供应、资金渠道、节能环保、和谐宜居等方面进行了一系列的规划升级，总结其他国家和地区教训与经验有助于提升我国新生代农业转移人口住房规划的合理性、住房补贴资金运用绩效、住房保障制度实施的可持续性。本书重点论述的美国、新加坡、英国等五国中既包括土地国有制国家也包括土地私有制国家。表5.1是上述五国土地所有制介绍。

表 5.1　　　　　　　　各国土地所有制一览

国家	土地所有制
美国	60％私有
新加坡	80％国有
英国	90％私有
德国	私有制为主
新西兰	60％私有

注：数据来自《2018 全球城市生活质量调查报告》，https://www.numbeo.com/common/。

(一)美国对城市移民的住房保障模式

1. 美国住房保障制度的变迁

美国作为新兴移民国家，住房问题是伴随着城市化加速以及大量移民人口涌入城市而产生的。在南北战争期间，林肯政府的住房政策重点是向西部的拓荒者免费赠送宅地，东部的住房政策则是放任自由的市场机制。19 世纪中期到 20 世纪 20 年代，美国经历了城市人口和住房租金的快速增长，许多存量别墅和仓库被私人业主分割成群租房，低价出租给爱尔兰人和黑人劳工，人均住房面积不到 1 平方米，住房环境和卫生条件极差。1890—1920 年间美国以高速的住房建设速度来满足快速扩张的人口住房需求。但是大萧条给美国经济社会造成严重打击，约有 150 万中产家庭因无力偿还住房贷款而失去住房所有权。罗斯福政府为了促进经济的复苏以及解决人口住房问题，开始由"自由不干预市场"向"积极干预住房市场"政策转变，此后公共住房计划陆续展开。

美国的住房保障制度是伴随着一系列法律的颁布而建立起来的，这为公共住房的建设提供了强有力的保障。但是由于公共住房建设本身造成了政府财政负担，同时大量贫困人口和外国移民聚居于公共住房之中，造成了社区环境的恶化以及社会治安问题。至 20 世纪 70 年代，政府逐步暂停公共住房建设。住房保障方式从建设公共住房，逐步向房租补贴计划和补贴住房建设计划这两种新型的住房保障方式转化。20世纪70年代石油危机的爆发,美国进入了"滞胀"阶段,即经济停滞发展、失业人口增加并伴随着通货膨胀。为了减轻政府的财政赤字,美国的住房政策进入调整时期,以1974年颁布的《住房与社区开发法》为分水岭,实现了以建设公共住房为主转为以提供住房补贴为主的住房保障制度转变。美国金融市场非常发达,为住房保障提供了强大的金融支持。20世纪80年代,美国的住房社会保障的主体发起人由联邦政府转向州和地方政府以及各种各样的非营利机构。

从20世纪90年代起,美国的住房保障制度逐步转变为以市场机制为主导,政府在住房保障中的职能逐渐弱化,鼓励提高居民住房自有率,实现住宅私有化。1992年通过的"希望六号"计划使美国住房保障进入分散弱势群体追求阶层混合、改善社区宜居环境的新阶段。吸取之前公共住房管理和运作不善的教训,政府还将重建房屋的管理转包给了私人公司以提升保障效率。1993—2007年"希望六号"计划共计拆除了15万套破旧公共住房,投资61亿美元用于247个公共项目的重建。

同时,各类非营利性机构不断创新金融工具以满足各阶层的住房需求。美国联邦住房管理局(FHA)为满足一定条件的首次购买房屋者提供抵押贷款担保,现金首付可低至购房价格的3.5%,买卖手续费低于其他形式的贷款,住房和城市发展部(HUD)监督联邦住房管理局的这一贷款担保计划。HUD根据申请者的信用评分以及支付首付的能力来为其提供HUD住宅,申请者也可以使用FHA保险抵押贷款购买HUD住宅。如果申请者违约,则由HUD取得该住房的所有权,这些住房被称为HUD住宅或HUD房产。美国政府还成立了专门机构(房地美、房利美)来支持房地产信贷二级市场的发展,新的金融工具抵押贷款证券增强了存量贷款的流动性,筹集了大量的市场资金。但是,由于对贷款者信用监管不严和金融信用工具的滥用,2007年爆发了严重的次贷危机。在次贷危机发生后,美国国会曾一度没有通过给住房与城市发展局(HUD)的拨款计划。为拉动经济增长,美国在此后的住房政策上则明显更倾向于支持中等收入家庭拥有住房所有权。表 5.2 罗列了美国公共住房建设的重要法规措施。

表 5.2　　　　　　　　美国公共住房建设重要法规措施

年份	重要法规和条例	住房保障核心内容与意义
1933	《全国工业复兴法》	公共住房计划开始实施
1934	《国民住宅法》	建立联邦住房管理局,降低住房抵押贷款的首付比例,延长住房抵押贷款年限,鼓励银行等借贷主体为住房建设提供有政府担保的贷款,以此帮助中等收入者购买可负担的住房
1937	《住房法》	美国国会通过的第一个《住房法》。联邦政府开始为地方政府提供 60 年固定利率低息贷款,大规模建造公共住房
1949、1954	《住房法》(修订版)	1949 年修订版以住房问题为切入点,针对中心城市的衰败问题,注重清理和重建的"城市再开发"。1954 年修订版提出"城市更新"(Urban Renewal)概念,新增修缮和保护建筑等内容
1965	《住房与城市发展法》	建立了内阁一级的住房与城市发展部,授权联邦住房管理机构向租住非公共住房类住宅的低收入家庭提供房租补贴
1968	《住房与城市发展法》(新)	住房调整的重点放在中低收入家庭上。补贴住房建设计划通过利息补贴的方式为公共住房的建设环节提供资金,广泛激励私人开发商或非营利性机构参与美国公共住房建设。1968 年住房法不仅关注低收入家庭,并且将中低收入家庭新增纳入住房保障范围
1974	《住房与社区开发法》	政府援助的主要方式由兴建公共住房改为以补贴鼓励低收入居民和非营利发展商承担新建和修复工作
1986	《低收入家庭税收减免计划》(The Low Income Housing Tax Credit,LIHTC)	支持开发商通过辛迪加组织与投资者合作,拓宽保障房项目的开发资金的来源渠道

续表

年份	重要法规和条例	住房保障核心内容与意义
1992	希望6号（HOPE, Housing Opportunities for People Everywhere Ⅵ）	该项目主要负责重建和更新衰落的公共住房社区，它不仅在硬件上翻新公共住房社区本身，同时在重建中也融入了重要的收入混合策略，达到阶层混合改善邻里的阶层
1998	《居住质量和工作责任法》	限定公共住房准入标准及比例
2008	《房屋供给和经济复苏法案》《整体房屋节能改造帮助服务计划》	税收抵免率被提高到10%，刺激高收入者（包括个人和企业）投资建设保障性住房。此外，为开发商提供能效抵押贷款和账单融资等金融激励手段，提升公共住房建筑节能标准
2009	《经济复苏和投资法案》	财政部可将各州前一年未分配出去的税收抵免额按比例兑换为现金补贴，各州政府再将现金奖励给建设低收入家庭住宅的开发者

2. 美国住房保障核心制度设计

美国住房保障制度的核心理念是"为全体美国人民提供合格的、安全的、能负担得起的住房"，具体包括以下几个覆盖面较广的保障计划：

（1）LIHTC计划运营特性与开发商申请条件

美国于1986年制订了《低收入家庭税收减免计划》（the Low Income Housing Tax Credit，LIHTC）。美国税务局每年先按州人口数量授予其一定的税收抵免额度，每个州的房屋管理部门再将税收抵扣金额分配给符合LIHTC条件的开发商。开发商一般情况下会就所收抵免额度成立一家公司，并将大部分股权出售给银行或其他投资者，用于降低项目开发的资金成本来提供低于市场租金水平的住宅。

联邦政府要求开发商参与LIHTC计划项目的持续服务期限不得少于30年，并且保障住房项目占开发总量的比例应满足以下条件之一才能获得申请资格：①开发商在小区至少配建20%的保障性住宅单位，并向地区收入中位线水平（The Area Median Gross Income，AMGI）50%以下的家庭出租；②开发商在小区至少配建40%的保障房住宅单位，并向AMGI 60%以下的家庭出租。同时，开发商单位将受到联邦房屋局监管协议的租金约束:保障性房屋的最高租金不可超过入住者收入的30%。

LIHTC计划是目前全美面向低收入家庭资助范围最广的补贴项目,可覆盖全美90%的可负担租房。LIHTC计划的成功在于建立市场激励机制鼓励联邦政府、地方政府、开发商、金融中介、投资者等多部门联手经营。开发商在获得税收减免资格后,还可以通过金融投资中介在市场上出售这些税收减免额度,1美元税收减免额度往往能在金融市场上售出80—90美分。提高税收减免资格的流动性,进一步调动了开发商和私人业主提供保障房源的积极性。

(2)住房选择券计划运作方案和移民申请条件

住房选择券计划是联邦政府的主要计划,旨在帮助极低收入家庭、老年人和残疾人在私人市场上提供体面、安全和卫生的住房。由于住房援助是代表家庭或个人提供的,参与者可以自由选择符合计划要求的任何住房,并且不限于位于补贴住房项目中的单位。

住房选择券由公共住房机构(PHA)进行管理,PHA从美国住房和城市发展部(HUD)获得联邦资金来管理优惠券计划。PHA代表参与的家庭直接向房东支付住房补贴。然后,家庭支付房东实际租金与计划补贴金额之间的差额。住房选择券移民家庭申请条件为:每个地区至少75%的住房券必须用于资助收入低于地区收入中位数(AMGI)30%的家庭,剩余住房券必须用于收入低于地区收入中位数(AMGI)80%的家庭。

住房优惠券作为从"砖头补"转化到"人头补"的货币化住房补贴政策,有助于扭转之前贫困阶层集中化的不良局面,使得住房弱势群体可以在私人住房市场租到合适的房屋,拥有对租房地段和品质的更多选择权,对全社会阶层融合起到了十分显著的促进作用。据NYCHA的相关统计数据显示,纽约享受租房券支持的家庭从2006年的16万上升到2016年的25万以上。

(3)CPD综合计划运作与家庭资助方案

社区规划和发展办公室(CPD)旨在通过为中低收入者提供体面住房、适宜的生活环境以及扩大经济机会的综合方法来持续发展社区(表

5.3)。CPD综合计划帮助各州和地方管辖区评估其经济适用房建设、社区发展需求和市场条件。计划制定过程使用地区数据来驱动投资决策,以确定住房和社区发展优先事项,使 CPD 拨款计划资金聚焦于社区住房发展重点问题,各专项计划资金包括:社区发展整笔拨款(CDBG)计划、HOME 投资合作伙伴(HOME)计划、住房信托基金(HTF)计划、紧急解决方案拨款(ESG)计划和艾滋病患者住房机会(HOPWA)计划。

表 5.3 2017 年与 2018 年 CPD 各专项住房补助计划拨款预算

	2017 年拨款额（千美元）	2018 年拨款额（千美元）	2018 年各类目占总计划金额比重
住房合伙投资额	950 000	1 362 000	17.76%
社区发展补助金（CDBG）	3 060 000	3 365 000	43.88%
无家可归者援助额	2 383 000	2 513 000	32.77%
艾滋病患者的住房补助	356 000	375 000	4.89%
CDBG 贷款担保	300 000	300 000	3.91%
自助房屋建设拨款	54 000	54 000	0.70%
CPD 计划总额	6 803 000	7 669 000	合计:100%

资料来源:美国住房与城市发展局官网,https://www.hud.gov/program_offices/comm_planning/about/budget。

(4)保障房供需双方的金融支持计划

自 20 世纪 90 年代起,美国的住房保障制度逐步转变为以市场机制为主导,政府在住房保障中的职能逐渐弱化,鼓励提高居民住房自有率,实现住宅私有化。同时,各类非营利性机构不断创新金融工具以满足各阶层的住房需求。对于开发商,以提供低利率融资补助、信用担保、税收豁免等措施激励开发商修缮和新建保障性住房。引入公私联营的 PPP 建设模式来拓宽融资渠道。例如,花旗集团和"L&M"开发公司价值 1 亿美元的第一期纽约保障性住房的基金(NYAH Ⅰ)和价值 1.5 亿美元的第二期纽约保障性住房的基金(NYAH Ⅱ)。

美国联邦住房管理局(FHA)为满足一定条件的首次购买房屋的居民和城市移民提供抵押贷款担保,买卖手续费低于其他形式的贷款。住房和城市发展部(HUD)监督联邦住房管理局的这一贷款担保计划,如果申请者违约,则由其取得该住房的所有权,这些住房被称为HUD住宅或HUD房产。HUD根据申请者的信用评分以及支付首付的能力来为其提供HUD住宅,申请者也可以使用FHA保险抵押贷款购买HUD住宅。这些政策为中低收入者提供了较好的融资方式,一定程度上帮助他们解决了住房资金问题。

3. 美国住房保障制度的特点与借鉴

(1)经过长时期的住房保障制度改革和完善,美国的住房保障制度形成了较为完备的联邦和地方法律法规保障体系,以法律的形式保障全体公民的基本住房权利。

(2)积极探索使用"公—私"联合的手段提供保障房源和资金,强调以市场化程度更高的灵活保障方式为低收入的居民和城市移民提供住房补贴。在传统的住房可负担程度要求上又提出了保障房项目选择的多元化、阶层混居、灵活退出、绿色节能等更多要求。

(3)美国具有全球最发达的住房金融市场,住房抵押债券的发展为住房市场筹集大量资金的同时也增加了人们的投资渠道,当然也存在着较高的金融市场风险。只有加强对住房金融市场的监管才能更好地发挥其融通住房资金的能力,更好地解决居民的住房问题。

(二)英国对城市移民的住房保障模式

英国是欧洲自由主义(Liberal)住房保障模式的代表。英国作为世界上最早进行工业革命的国家,工业的发展促进了人口由农村流向城市,推动了城市化的发展。但大批人口流动也引起了城市住房问题,1919年英国出台的《住房与城镇计划法》标志着政府对保障住房市场开始进行干预的法律意义正式确立,从此,具有现代意义的保障性住房建设与补贴不断展开。

1. 英国住房保障制度的历史沿革

英国在1919年至20世纪70年代期间正好经历了"一战"和"二战",战争摧毁了英国的大批房屋,同时战后的军人复员以及经济恢复形成大批人员涌入城市,英国的住房供给严重不足。为此,英国政府主要采取增加保障性住房供给的措施来解决这一问题。

1919年英国颁布《住房与城镇计划法》，规定政府具有为民众提供住房保障的责任，地方政府可以使用中央财政资金建造社会住房来向中低收入家庭出租。"二战"摧毁了英国70.8万房屋，因此英国政府启动了大规模的社会住房建设。英国中央财政会根据每年安排的建房预算向地方政府拨款，由其负责社会住房建设。据统计，1945—1979年间，英国共建造468.3万幢社会住房，占全社会建房总比重一直在45%以上。[①]

政府对议会住房的建设需要大量财政资金的支持，为了减轻财政负担，政府从20世纪60年代开始鼓励住房协会参与保障性住房的建设与管理。这一时期政府主要是通过对住房协会设立专项的财政基金来专供低廉租金住房，以此减轻低收入人群的租房负担。20世纪70年代，英国全国住房的大约三分之一为公共住房。1980年英国政府修订《住宅法》强调"可负担性住房"理念。新自由主义占据了主流地位。英国政府的住房保障方式开始由普惠型向需求方市场化补贴倾斜。市场调控政策从抑制需求和增加供给两方面入手，利用土地、税收、货币政策等综合手段提升中低收入阶层在市场上获得可支付住房的可能性，公房私有化政策在全国推广。

2. 英国住房保障核心制度

英国政府以满足低收入家庭和首次购房者的住房保障需求为主要目标，住房保障制度既包括直接实物供应也包括间接货币补贴。

(1)公共住房供应与准入标准

20世纪80年代中期，为了使得新建住宅的管理相对集中，英国住宅协会提出了大规模资源住房自愿转换计划(Large-Scale Voluntary Tranfers, LSVT)，住宅协会运用私人资金买下全部或部分政府住房。该计划实施后，住宅协会部门拥有公共住房占市场总住宅量由原来的1%上升到10%，超过了同期当地政府及其下属机构持有的8%的市场份额。

[①] 汪建强. 二战后英国住房保障政策的变化及其启示[J]. 四川理工学院学报,2011(6).

为了适应不同阶层居民对住房的需要,2003 年英国政府实施可持续社区计划,对住房协会给予额外的建房补贴来增加可负担房的供给,同时加大公共基础设施建设来提高居住质量。

从横向来看,2010—2015 年英国住房协会为社会提供的保障性住房始终是大于地方政府为社会提供的保障住房数量,这一方面减轻了政府的财政负担,另一方面通过社会的力量增加了保障住房的供给。从纵向来看,住房协会所提供的住房数量总体上是处于不断增长的趋势(2012年除外),由 2010 年的 201.8 万套增长到 2015 年的 239.4 万套;地方政府所提供的住房数量总体上是处于不断下降的趋势(2011 年除外),由 2010 年的 180.1 万套下降到 2015 年的 165.2 万套(见图 5.1)。这说明地方政府政策处于财政以及利用市场的角度更加倾向于为住房协会提供资金、税收等优惠来鼓励住房协会提供保障住房,而不是由自身来直接进行保障住房的建造。

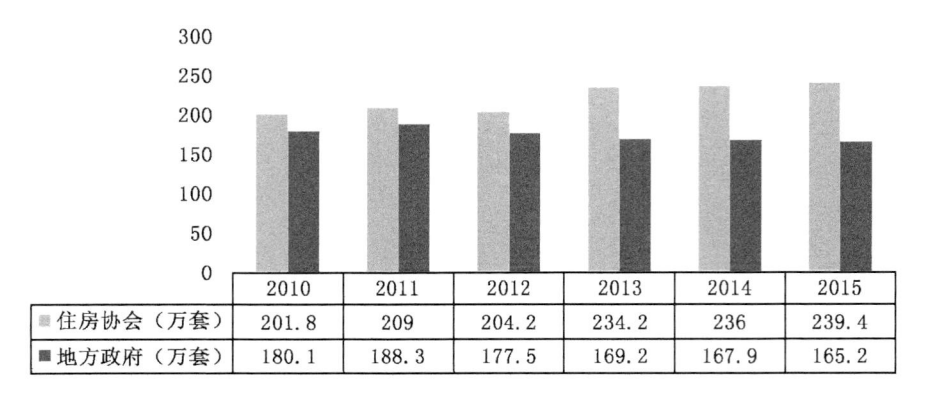

	2010	2011	2012	2013	2014	2015
住房协会(万套)	201.8	209	204.2	234.2	236	239.4
地方政府(万套)	180.1	188.3	177.5	169.2	167.9	165.2

资料来源:English Housing Survey,Dwelling Sample,2017.7.
图 5.1 2010—2015 年英国住房协会与地方政府的存量住房数量

个人向政府申请住房福利要满足的一定条件(见表 5.4):需要支付房租;收入水平较低或者要求住房福利;个人储蓄低于一定水平(通常为 16 000 英镑)。无论是处于就业还是失业状态,都可以进行申请,但如果与伴侣同住,只有一个人可以得到住房福利。如果是 35 岁以下的单身人士,只能获得厅房合一的住宿或共用住宿的单间福利。

表 5.4　　英国申请各类福利房需要满足的条件

共享卧室	1. 一对成年夫妇; 2. 2 名同性 16 岁以下的儿童; 3. 2 名 10 岁以下的儿童(不分性别)
单独卧室	1. 一个成年人(16 岁或以上); 2. 共享卧室已经被占用的儿童; 3. 因残疾或医疗状况而无法共享卧室的夫妇或儿童; 4. 需要彻夜照顾你、你的伴侣、你的孩子或另一个成年人的看护人
一间备用卧室①	1. 一名经批准的寄养人,从最后一次寄养到再一次寄养时间不超过 52 周; 2. 新批准的寄养人自批准之日起 52 周之内入住

资料来源:英国政府官网,https://www.gov.uk/housing-benefit.2018。

(2)中低收入租房货币补贴标准

英国政府在提供保障性住房的同时,还为支付房租困难的人群设立了专门的住房补贴,来满足他们的基本居住权。个人或家庭可以根据自身具体的居住和收入状况来向政府申请货币补贴来弥补房租资金缺口,英国的住房货币补贴按周来计算,个人可根据官网提供的方式进行具体测算,表 5.5 给出了基本的货币补贴情况。

表 5.5　　英国政府对中低收入群体租房每周提供的货币补贴

1 间卧室或共享住宿	最多 268.46 英镑
2 间卧室	最多 311.40 英镑
3 间卧室	最多 365.09 英镑
4 间卧室	最多 429.53 英镑

资料来源:英国政府官网,https://www.gov.uk/housing-benefit.2018。

除此之外,英国的保障政策会对公共部门工作的人群(如教师、护士、

---

① 学生和武装部队或预备役部队成员使用的房间,如果他们离开并打算返回家园,将不会被视为"备用"。

狱警、消防员、社区工作人员等)提供倾斜性租房政策,他们可以按市场价格的80%甚至更低的折扣在市场上租房。

(3)"租转购"优惠计划

"租房者享有优先购买权计划"是针对社会住房租房者购房时的一项优惠计划。该计划约定租房者购入所租住房屋时可以使用一定折扣,折扣力度与已租房年限呈正比关系,租住年限越长折扣力度越大。2005年1月后入住且租房满5年者购房可享有的最高折扣为16 000—32 000英镑。但如果在购房后5年内出售所购住房,需将折扣部分或全部退还。"特殊置业计划"针对因资金短缺而无法行使完全购买权的低收入群体,规定其可从政府手中首次最低购买25%产权,并允许其分多次付款,最终获得住房100%的产权。

3. 英国住房保障制度的特点与借鉴

(1)英国住房保障以市场机制为主导的自由主义模式特点突出。以市场化机制为主导为居民提供可负担性住房的理念突出,财政和金融政策并用,为住房供需双方提供税收减免、信贷利率、首付款优惠、购房折扣等丰富多样的市场化激励工具,使得低收入群体选择住房保障方式的自主性增强。政府仅保留最基础的住房保障支持。政府还为激励私人部门参与保障房工程建设,给予私人部门一定补贴式的转移支付。住房协会作为基础的社会组织,为解决各阶层的住房需求发挥着重要的作用。

(2)完备的住房保障法规体系。英国的住房保障法规不仅明确了开发商的建房资质、建房区域、建房标准等问题,还规范了公共住房的卫生环境条件、翻新重建的权利归属以及税收优惠等问题。此外,住房保障法规、住宅法和城镇规划法的制定相辅相成,共同推进城市布局的合理性。

(3)英国保障性住房的实物补贴与货币补贴的具体措施十分规范,承租人可以通过政府网站及时便捷地了解到住房保障的资格申请条件信息。规范化的保障性住房的管理在满足不同人群保障需求的同时也提高了政府的工作效率。

(三)德国对城市移民的住房保障模式

德国是世界上最早建立现代社会保障制度的国家,也是欧洲住房保障保守主义(Conservative)模式的代表,政府与社会合作发挥主导作用,对不同的社会阶层实施差异化的住房保障措施,拥有较为全面和完善的包括住房保障在内的社会保障体系。从1950年联邦德国颁布第一部《住房建设法》以来,德国的现代住房保障制度逐步确立起来。

1. 德国住房保障制度的历史沿革

联邦德国(西德)1950年、1960年和1980年的城市化比重分别为71%、77%和81%[①]。城市化的提高意味着大批农业剩余人口涌入城市,这一部分人群往往收入水平较低,自购住房的能力较低,因此如何加强住房保障便成了联邦德国政府面临的重要课题。在这一时期,经过国家的一系列法律法规、政策、金融体系等的建立和完善,联邦德国最终实现了"住房奇迹",解决了住房短缺的问题。

经历了第二次世界大战的德国,住房存量损失了一半,大量居民失去住房。面对这种房屋极度短缺的局面,德国在1950年和1956年先后颁布了《住房建设法》第一部和第二部,逐渐形成了包括政府、国有企业和私人资本等多途径公共住房供应模式。在加大社会住房供给的同时,德国又出台了覆盖范围较广的《住房补助金法》,八成以上的居民能够获得不同水平的购房或租房补贴。从20世纪80年代起至德国统一,再到20世纪末,在促进私有化的进程下,德国通过扣减所得税对私有住房进行补贴,并出台了《私有住房补贴法》。但是由于德国租赁市场完善,法律对承租人的保护以及居民愿意租房思想的形成,私有住房人口占总人口的比例仍然不高。1998年以后,随着德国居民收入平均水平的上升,政府不再参与保障住房建设,并将原有廉租房进行市场化运作,其中一部分转为租赁房,另一部分出售给租户,政府掌握的保障房存量在150万套左右。

[①] 王章辉,黄柯可. 欧美农村劳动力的转移与城市化[M]. 北京:社会科学文献出版社,1999:219.

2. 德国住房保障核心制度架构

进入21世纪以来,德国的住房保障制度进入了更加完善的时期。2001年出台《住房补贴法》,根据居民收入、家庭人口等进行住房补贴。2002年出台《房屋促进法》,促使住房政策向"少数群体"即低收入人群倾斜,这一部分低收入人群中也不乏城市移民。这一阶段,德国政府注重运用市场力量来解决低收入人群的租房、购房问题,提供了多种融资渠道。

(1) 住宅储蓄制度

德国有较发达的住宅储蓄银行体系:储户和银行签订"购房储蓄契约",每月需按"契约金额"的一定比例将钱存入银行,7年左右将钱存满"契约金额"的50%后,即可取得全部金额的贷款权。将储户存入的资金再贷给其他储户(一般每半年配贷一次),资金的来源有保障。国家根据收入、家庭成员数量以及雇员、雇主身份等因素给予不同的储蓄奖金,鼓励人们通过储蓄行为拥有住宅。

(2) 住房抵押贷款融资安排

德国的住房抵押贷款融资渠道较为多样,与中国基本上由一家商业银行提供住房贷款有较大的区别。抵押银行或者储蓄银行提供一半以上的抵押贷款,住房互助储蓄银行和商业银行总共提供1/3以上的贷款,居民自己承担部分约为1/6。对于低收入者、多子女家庭等由公营抵押银行和储蓄银行提供低息和无息贷款。

(3) 租金涨幅限制

德国租赁市场十分发达,大部分德国人会选择租房而不是住房,这得益于德国政府对租客的保障政策。2013年德国出台了新《租金法》,规定在3年内,房租涨幅不能超过15%,而2013年以前的要求为3年内涨幅不超过20%。新《租金法》仍然延续房屋租金应按照各地政府的"指导价格"的要求,若比指导价格上浮20%,算违法行为。如房租涨幅超过50%,房东要与房客协商,经由房客同意后方可上调,否则房东单方面涨租超50%会被定性为赚取暴利,可判入狱3年。

(4) 廉租房准入标准

德国政府通过各项优惠措施为低收入者以及留学生等外来人口提供廉租房居住。对低收入者进行租房保障时,通过申请人的收入、申请人所在地的租金水平(由德国联邦统计局提供数据作为参考依据)、申请人家庭符合申请标准的人数等要素界定准入标准。廉租房申请者依据家庭成员人数可以租住的保障房套内面积在 50—90 平方米之间不等。

3. 德国住房保障制度的特点与借鉴

(1)"住宅储蓄制度"是德国住房保障的一大特色,凭借较为发达的储蓄银行、抵押银行、商业银行等多渠道的住房融资安排体系,通过发放较低利率的住房抵押贷款,较大程度地解决了德国居民的购房问题。

(2)德国对租赁市场进行较为严格的管理,《租金法》中明确规定涨租限制,超过合理租金 20%将被处以巨额罚款,并且实行租赁合同保障以及租购同权等方式来保障承租人的权益,较大程度地减轻了租客的住房负担。德国政府还对居民的租金收入征收较低税率,而对房地产交易收入征收较高税率,这一方面促进了租赁市场的发展,另一方面又抑制了住房交易,稳定了房价。

(四)新加坡对城市移民的住房保障模式

新加坡是世界上的宜居国家之一,大量移民涌入造成的居住问题也引起了新加坡政府的关注,由此产生的对具有新加坡永久居住权的居民以及其他非公民的住房政策也越来越完善。新加坡推出的"居者有其屋"计划堪称是全球实施实物住房补贴模式的成功典范。

1. 新加坡保障房的核心制度设计

从 20 世纪 80 年代开始,新加坡的公共住房覆盖范围有所降低,这是因为公共组屋难以满足新加坡越来越多富裕家庭的需要,他们对住宅的质量和种类有了更高的需求。这一时期,新加坡政府更加注重保障性住房金融体系的发展与完善,并且对组屋的出租和出售进行了具体的资格条件规定。

(1)组屋的购买资格

新加坡保障性住房的金融体系具有较强的政府主导的成分。政府通过发放国债吸收中央公积金的资金给予建屋发展局贷款,而且每年对建屋发展局进行财政投入,弥补其赤字情况;建屋发展局利用上述资金等来进行组屋的建造,以较低的价格出售或出租给收入较低的居民;居民可以申请较低利率的中央公积金贷款来购买建屋发展局建造的价格较低的组屋。只有新加坡公民或者拥有新加坡永久居住权的居民可以申请购买组屋,并具有一定的收入限制,一般情况下为:大于等于21周岁的,家庭月平均总收入不得超过6 000美元;大于等于35周岁的,家庭月平均总收入不得超过12 000美元(见表5.6)。

表5.6　　　　　　　　申请建屋发展局住房贷款的资格

申请对象	购买者中至少有一个是新加坡公民
家庭状况	1. 之前使用建屋发展局贷款不超过两次; 2. 已经申请使用建屋发展局贷款一次,并且最后获得的一处房产不属于私人住宅(一些如通过捐赠等方式获得的私人住宅等不包括在此规定中)
月平均总收入上限	1. 家庭不得超过12 000美元; 2. 大家庭①不得超过18 000美元; 3. 单身者不得超过6 000美元
其他房产要求	1. 申请贷款30个月内不得拥有私人住宅; 2. 不得拥有超过一个的商业或工业摊位
剩余租赁期	1. 购买组屋的剩余租赁期至少为60年; 2. 如果购买组屋的剩余租赁期不足60年,则贷款额度根据剩余租赁期的具体期限而进行相应的缩减

资料来源:新加坡建屋发展局官网,http://www.hdb.gov.sg/cs/infoweb/residential/ financing-a-flat-purchase/housing-loan-from-hdb. 2018。

公共组屋几乎构成了新加坡整个住房供应体系,全国80%以上的居民都居住在政府提供的组屋中,只有极高收入者才购买私人住宅。最初组屋只允许出租,后来政府允许向租住者出售。到2011年,94.7%的居住者通过优惠政策购买了组屋。

---

① 通常指拥有至少3个小孩的家庭。

(2) 灵活所有制度

该制度主要是指新加坡的组屋所有者相比租住者具有灵活处置房屋的权利,所有者即购买了组屋 99 年居住权的公民。他们拥有以下权利:①租出备用卧室,甚至整个公寓,并保留收益;②以大换小——出售现有的较大的公寓,而置换成一套较小的公寓,并申请白银住房奖金,在出售公寓时保留交易收益;③租约回购计划——将 99 年租约中的部分租约出售给建屋发展局(HDB);④翻新和装饰公寓。

而以上权利,组屋的承租人是不拥有的。可申请组屋的承租人包括:新加坡公民、新加坡永久居民、合法居住在新加坡的非公民(持有有效期在 6 个月以上的就业通行证、工作许可证、学生证、护照或长期社会访问通行证)。这一政策将流动人口、外来务工者、移民等包括在内,保障群体覆盖面最广。

(3) 居住优化制度

该制度主要是针对那些想要添置改善性住房的公民。当生活质量提高或者家庭成员增多时,原有的小型组屋已经无法满足公民需求。面临该现实情况,新加坡政府为公民的居住优化升级做出努力。

以现在拥有一间两居室住房的家庭为例,如果他们想要升级成一间三居室住房,他们可以提交升高住房补助金申请,获批后可每月获得约 15 000 美元的补助金。

(4) SSC 计划(Single Singapore Citizen Scheme)

该计划是专门针对新加坡 35 岁以上的单身公民的,也属于住房补助的一部分。2013 年 7 月,SSC 计划得到加强,允许符合条件的单身人士直接从建屋发展局购买未到期房产的 2 房单位。这意味着单身人士现在有更多的住房选择,而且不仅限于从转售市场购买组屋单位。SSC 具体补贴情况及申请条件可见表 5—8。

表 5.7　　　　　　　　　　SSC 保障房补贴和申请条件

拨款类型		额外公积金住房补助金(AHG)、特殊公积金住房补助金(CHG)
拨款金额		最高可达 20 000 美元,具体取决于收入
公寓类型		两房公寓
申请条件	收入上限	2013 年 7 月之前收入上限为 2 500 美元; 2013 年 7 月—2015 年 5 月起售的住房收入上限为 3 250 美元; 2015 年 11 月起售的住房收入上限为 4 250 美元
	工作情况	您在提交单位申请时受雇,并在单位申请前连续工作 12 个月
	剩余租期	30 年或更长时间
	所有权/ 财产权益	所有申请人不得在新单位申请前 30 个月内,拥有或处置名下的本地或海外的各类型物业(私人住宅物业、住房、办公楼、土地)

资料来源:根据新加坡房屋发展局官网(https://www.hdb.gov.sg)资料整理。

2. 新加坡住房保障制度特点与借鉴

(1)灵活的组屋供应制度

新加坡通过颁布《土地征用法》来保障组屋的土地供应,同时又允许拥有组屋的居民进行组屋的再出租,增加了市场上的房源供应,扩大了住房保障对象的范围。

(2)实行类强制性储蓄的中央公积金制度

中央公积金制度一方面增强了居民日后购房的经济能力,另一方面政府又可以通过发放国债吸收中央公积金为建屋发展局融资来兴建和管理公共住房,提高了中央公积金的利用效率,充分发挥其住房保障方面的能力。

(3)结合住房供应态势动态调整保障政策

在住房供应紧缺时期,新加坡政府主要目标在于增加住房供应,保障方式主要采取出租的形式;在住房供应有所缓解的年代,新加坡住房保障政策注重保障房质量和居住条件的提升,保障方式逐步向出售转变。

(4)本地居民与流动人口同权共享住房保障资源

新加坡住房保障政策主要是面对新加坡全体公民而言的,在保障资源的准入标准方面并没有将本地居民与流动人口进行严格的分隔。

从表 5.8 可以看出，新加坡政府在制定保障房政策时并不侧重于考量申请人是否是外来人口，更多的是考察申请家庭的特征，将家庭婚姻状况作为保障房资源申请的一项重要区别要素。多人家庭与单人家庭相比较，在房型选择和补贴额度方面均有更多优待。

表 5.8　　　　　　　　　新加坡保障房准入与补贴标准

家庭婚姻状况	年龄（岁）	房型需求	月收入要求（美元）	享有政策	补贴限额（美元）
2人以上家庭	无要求	2—4房户型	≤8 500	AHG SHG	80 000
		5房户型	≤5 000	AHG	40 000
		二手房	≤12 000	家庭津贴 AHG PHG	90 000
单人家庭	≥35	2房户型	≤4 250	AHG SHG	40 000
		二手房	≤6 000	单身津贴 AHG PHG	45 000

（五）新西兰对城市移民的住房保障模式

19 世纪 60 年代的淘金热使新西兰各大城市的移民工人剧增，由于无力购买房屋或负担市场租金费用，新西兰开始启动住房保障政策，至今已有百余年的住房保障实践经验，已形成比较完善的住房保障体系。

1. 新西兰住房保障制度的历史沿革

新西兰住房保障建设主要经历了以下四个阶段：

第一阶段，自由党领导下的最初探索阶段（1905—1934 年）。19 世纪 60 年代的淘金热与 70 年代的大规模公共基础建设，使新西兰各大城市的工人剧增。由于无力购买房屋或负担市场租金费用，大部分工人居住在非常拥挤、设施简陋的贫民窟住房，条件极其恶劣。随着城市规模的不断扩大，这些问题变得越来越严重。对此，自由党政府尝试利用郊区公共土地吸引工人修筑房屋，但该政策随之因为交通不便、缺乏贷款支持以及所有权争议等问题的出现而失败。

第二阶段,福利国家下的全面发展(1935—1990年)。这一阶段,由工党政府通过推行低息房屋贷款政策和恢复国家住房建设来改善民众的住房状况。国家工党执政期间只允许低收入者承租政府公房。1949年,国家党执政开始对住房租金制度进行改革,大幅提升国家住房租金。1950年8月,国家党政府提出了立法议案,允许租户购买国家住房,并设立了宽松的购房条件,但要求居住者必须居住,并且3年内不能再申请其他国家住房。

第三阶段,国家党引导的市场化改革(1991—1998年)。该阶段国家党对国家住房进步改革,推出市场化出租和住房补贴。在市场化出租方面,政府废除与收入挂钩的租房机制,引入市场化租金机制,即国家住房租金与同类房屋市场出租的价格水平相致,向国家住房租户收取市场租金,促使国家住房能更适宜于个人的需求,并缓解政府财政压力。在住房补贴方面,主要是向难以承担市场新租金的低收入者提供补助,即作为市场化出租的补充措施确保低收入者的居住权益。这些改革确实缓解了新西兰政府的财政压力,却给居民带来了一定的生活压力,直接增加了居民的住房负担。

第四阶段,福利与市场的协调(1999年至今)。该阶段住房保障政策转向多元化与现实化,重视福利与市场的协调。实施的住房保障政策具体有:一是取消市场化租金机制,恢复与收入挂钩的租金机制,同时保留部分国家党执政时期的"消费刺激"机制;二是停止国家住房出售;三是成立了新西兰住房公司管理国家住房。

2. 新西兰住房保障制度的核心架构

近年新西兰政府鼓励中央政府以外的力量参与住房保障的制度建设,开启了多元主体参与住房保障建设的时代,推动了住房保障的可持续建设。

(1)社会住房供应体系

新西兰的保障性住房统称为"社会住房",主要包括国家住房、非国家住房类社会住房,均面向低收入群体或某些特定群体出租。其中,国家住房是由中央政府负责提供,由新西兰住房公司(Housing New Zealand Corporation,HNZC)管理;非国家类社会住房是由地方政府或第三部门修建并持有,具体结构如图 5.2 所示。到 2011 年,新西兰住房公司共管理 6.9 万多套国家住房,在社会住房中占到 78.4%,地方政府与第三部门共持有 1.9 万多套社会住房。

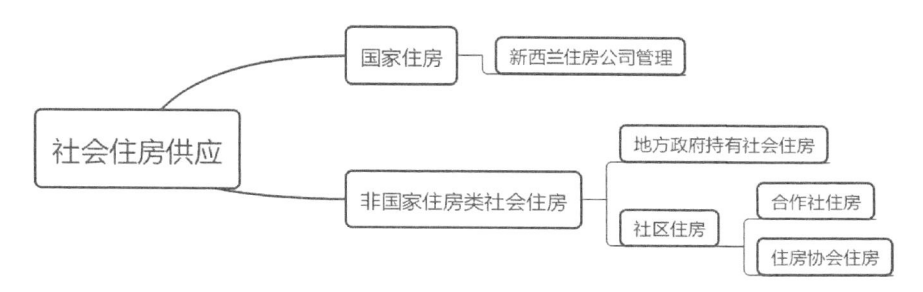

图 5.2　新西兰社会住房供应示意图

(2)公共住房充分性的统计指标体系

经过百余年的发展,新西兰住房保障机构已建立完备的住房统计指标体系来帮助政府做出科学可行的战略决定,指导住房保障政策的高效实施。公共住房统计性指标涵盖住房的可支付性、舒适性、宜居性、居住安全感这四大维度(见图 5.3)。量化的统计指标体系建立有利于公共住房管理部门动态监控住房的供求情况,跟踪评估公共住房产生的社会效益。

3. 新西兰住房保障的主要特点

(1)建立科学的住房需求评估机制,精准匹配保障资源

新西兰政府构建了一套健全的住房需求评估机制,对住房申请者进行全面评估,包括居住状况、住房支付能力以及获得政府救济必要性等方面,从而确保社会住房提供给真正需要帮助的低收入者,实现公平分配。此外,新西兰建立了优先分配机制,优先解决严重而紧急的住房保障需求,促进了有效率的公平形成,实现公平分配和住房政策福利的精准对接。

(2)测算不同人群的住房可支付性,进行分类管理

新西兰依据人口结构特征(按收入情况、年龄、地区、种族)分别计算

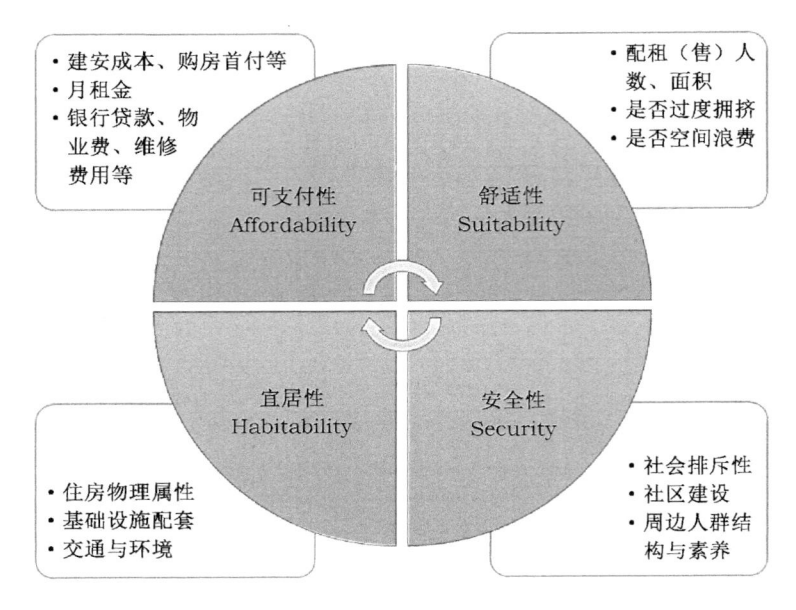

图 5.3　新西兰公共住房四大衡量指标体系

各类人群的住房可支付性并实施动态追踪。并针对不同群体调整相应的住房保障政策,例如,新西兰的毛利人具有高生育率和大家族的生活模式特征,在为其设计保障房时就会考虑提供面积较大的住房。

(六)国外对城市移民住房保障模式比较与启示

美国、新加坡、英国、德国由于各国经济制度、社会背景之间存在一定程度的差异性,因而在住房保障措施方面的侧重点也各有不同。各国从本国国情出发,建立起了各具特色拥有差异性的住房保障体系。

1. 保障房供给中的政府参与度的差异

在住房保障制度中,保障性住房的供给问题是各个国家需要解决的首要问题。美国、英国、德国政府在住房供给方面主要起引导激励作用,通过税收优惠和利率补贴等方式来发挥非政府力量的作用。美国是一个市场经济高度发达的国家,其保障性住房供给问题也更倾向于通过市场化的手段来解决。主要的公共住房供给是通过低息贷款支持私人企业建设来完成的,并且通过一对一的免税优惠以及贴息贷款来对廉价住房开发商实行补贴,而政府自身只通过直接投资建设以及收购私人住房来提供一小部分保障性住房供给。英国60%左右的公共住房供给是通过住房协会来实现的,中央政府对其实行资金支持,地方政府为其提供土地来源并对其运作进行监督和管理。德国政府通过补贴的方式来大力支持民间投资,私人开发商是公共福利住房的主要供给者。

与上述三个国家相比,新加坡政府在住房供给方面起主导性作用。1960年成立的建屋发展局隶属于国家发展部,负责组屋的开发、建设和融资等。政府通过自身强大的财力支持,使新加坡80%以上的人口居住在公共组屋里,解决了广大中低收入群体的住房问题。

2. 保障房融资中金融支持产品的差异

为了增加居民自身的购房和租房能力,各个国家在不同的住房保障制度下提供了具有差异性的金融产品来为广大中低收入者进行融资。

美国的房地产金融市场十分发达,并且不断进行金融创新来激发新的融资方式的产生。比较典型的有住房抵押贷款支持证券的发展,增强了存量贷款的流动性,增加了市场化的融资支持。与此同时,政府还通过租金优惠券、购房信贷保险制度等对租房和购房者实行融资支持。

英国注重扶持发展住房保障融资的非营利性组织,如住房协会、住房金融互助会等通过筹集全社会的住房资金来以低息贷款的方式为中低收入者提供购房资金支持。

与美国和英国不同的是,德国和新加坡实行的是典型的储蓄型住房保障制度模式。德国政府通过储蓄奖金来鼓励居民进行住宅储蓄,当储户的储蓄金额达到了一定的数额时,该储户就可以向储蓄银行申请低息的住房抵押贷款来进行购房融资。同时,德国拥有相对发达的住房金融市场,抵押银行、商业银行、住宅储蓄银行等多种融资渠道并存,很好地解决了中低收入人群的住宅融资问题。新加坡居民可以通过使用中央公积金以分期付款的方式来进行住房的购买。虽然新加坡也鼓励市场力量来参与居民的住房融资,但是政府的中央公积金局仍然在低息贷款和住房补贴上发挥着主导作用。

3. 保障房租售市场发展程度差异

住房保障制度是为了解决中低收入者的住房问题,而住房包括租房和购房,各个国家在租、购市场结构上根据居民的具体需要以及资金的支持程度来采取最符合本国的措施。

美国政府运用各种融资手段来提高居民的购买力,鼓励其拥有自己的私人住宅,这一方面改善了居民的居住情况,另一方面也活跃了住房市场,促进房地产金融市场的发展。新加坡政府对中低收入人群进行补贴性较强的小户型组屋出售,实际支付价款远低于市场水平,以此来保障中低收入人群的购房需要。同时,对组屋的租赁和转租赁采取居民身份以及收入资格准入制度。英国和德国的租赁市场发达,居民租房率分别达到40%左右和50%以上。英国主要是以住房协会建造的公共住房的租赁为主,对租户实行货币上的补贴。而德国更多的是以民间租赁为主,政府通过控租、税收差别计划来保障承租人的权益。

虽然各国住房保障制度的具体侧重点有所不同,但是各国住房保障制度的理念都是为本国低收入居民家庭提供较为适宜的居住条件,并逐步从单一的满足公共住房"可负担性"保障目标转换为多元化保障目标,在注重公共住房可负担性的同时兼顾保障房舒适度、交通便利度、社区关系和谐等问题,同时以较为完备的法律制度来促进和保证这些目标的实现。各国住房保障方式上都既有实物补贴又有货币补贴,从供需两方面来提升中低收入者的租购房能力。从20世纪末开始许多国家逐步从"重供给方补贴"转向"重需求方补贴",从"重实物补贴"转向"重货币补贴"。保障资金来源不再强依附于财政拨款,而更侧重于吸引社会资源共同参与保障房的建设,保障方式更趋于市场化和多元化,包括信贷、信用担保、税收减免等。随着城市与国家之间人口流动率的上升,各国的公共住房政策也强调"租购并举",并逐步打通"租房—购房"的转换通道,为首次购房的低收入群体提供更多的优惠保障措施,增强外来人口在本地的归属感和稳定性,实现安居乐业。

第六章　农业转移人口留居与购房意愿的区域异质性的实证分析

留城意愿特指农业转移人口在流入城市长期生活定居的意愿。它是农业转移人口在综合衡量教育、收入水平等个人基本特征,子女教育、随迁家庭人员数量等家庭特征,流入地远近、流动频次等流动特征后,对其居住地进行的选择和预期。上海作为我国超大型城市[②]的代表,相较于全国,承载的农业转移人口数量众多。农业转移人口在超大型城市享受高就业机会、高收入的同时承担着更为高昂的住房成本和消费成本。那么,相较于全国,哪些因素对上海地区农业转移人口长期留居意愿的影响效力更为显著,哪些因素的影响效力不再显著?解决上述问题,可以更为精准地量化农业转移人口长期留居意愿的区域差异性,并更有针对性地提高农业转移人口在城市中的居住稳定性与居住满意度。

(一)农业转移人口长期留居意愿的量化分析:基于全国与上海的比较

1. 长期留居选择模型设定与影响因素识别

基于农业转移人口留居意愿为三分类反应变量,且各个类别之间无序次关系,本书采用多值 Logistic 模型(Multinomial Logistic Model)进行回归。对于有 $J(J \geqslant 3)$ 个类别的无序次反应变量,多值 Logistic 模型可以用以下形式来表示:

$$\ln\left[\frac{P(y=j/x)}{P(y=J/x)}\right] = \alpha_j + \sum_{k=1}^{K}\beta_{jk}x_k \quad (j=1,\cdots,J-1) \quad (6-1)$$

其中,模型系数 β_{jk} 的意义是,在控制其他自变量的条件下,自变量 x_k 一个单位的变化对类别 j 相对参照类 J 的对数发生比的影响。在上式中,最后一个类别即第 J 类被作为参照类,所以,反应变量有 J 个类别的多值 Logistic 模型共有 $(J-1)$ 个 Logit 形式。

本书在采用多值 Logistic 模型进行研究时,反应变量选取"打算本地长期居住"为参照类的原因是,从描述统计分析结果来看,对书中 3 个分类自变量来说,其每个细分类型的住房产权类型分布都有一个相似点,即打算本地长期居住的占比最高,因此,以"打算本地长期居住"为基础参照类,可以全面、突出地反映其他留居意愿选择之间存在的群体性差异。

2. 数据来源与变量说明

本书使用的数据来源于国家卫生和计划委员会开展的"2016 年全国流动人口动态监测调查"。该调查以 31 个省(自治区、直辖市)和新疆生产建设兵团流动人口较为集中的流入地为样本抽取点,采取分层、多阶段、与规模成比例的 PPS 方法进行抽样。抽样总体为在流入地居住一个月以上,非本区(县、市)户口 15—59 周岁的流入人口,调查的总样本量为 169 000 人,涉及流动人口家庭成员共计约 45 万人。本书在剔除各选取自变量上存在缺失值或不明确的个案后,最终确定的有效样本量为 122 961 人,其中上海外来务工人员 4 476 人。留居意愿选择模型中涉及解释变量包括三个方面:户主基本特征、家庭结构特征和流动特征(见表 6.1)。

表 6.1　　　　　　　　　　　　变量分类与定义

变量属性	变量类别	变量名称	变量含义与赋值
因变量	留居意愿、住房支付能力	是否打算本地长期居住	打算=1,没想好=2,返乡/继续流动=3
		是否打算本地购房	是=1,否=0
		是否本地购房	是=1,否=0
		住房性质	分类变量,租住私房/单位/雇主/借住/就业场所=1,政府提供廉租房/公租房=2,自建房/自购商品房=3
		家庭住房支出	连续变量
	户主特征	性别	分类变量,女=0,男=1
		年龄	连续变量
		婚姻状况	分类变量,未婚/同居=0,初婚/再婚=1
		教育	分类变量,小学及以下=1,初中=2,高中=3,大专及以上=4
		是否有住房公积金	分类变量,无=0,有=1
		是否有养老保险	分类变量,无=0,有=1
	家庭结构特征	家庭月收入	连续变量
		亲生子女数	分类变量,无=1,1个=2,2个及以上=3
		家庭规模	连续变量
		流入地家庭规模	连续变量
	流动特征	总共流动次数	连续变量
		外出累计时长	分类变量,不到1年=1,小于2年=2,3—4年=3,5—9年=4,10—19年=5,20年以上=6
		本次流动范围	分类变量,跨省流动=1,省内跨市=2,市内跨县=3
		流入地	东部地区=1,东北部地区=2,中部地区=3,西部地区=4
		是否单独流动	分类变量,是=0,否=1
		父母是否有外出务工经历	分类变量,父母均没有=1,父/母有=2,父母均有=3

3. 统计性描述——基于全国组与上海组的对比

表 6.2　　　　全国与上海外出务工者样本数据统计值对比

变量	统计指标	全国组 均值	全国组 标准差	上海组 均值	上海组 标准差	组别均值差异（全国—上海）
留居意愿与选择变量	长期留居本地意愿					
	打算留居	0.60	0.490	0.67	0.471	−0.070
	没想好	0.31	0.462	0.23	0.422	0.076
	返乡/继续流动	0.09	0.290	0.10	0.298	−0.006
	当地购房意愿(否=0)	0.23	0.418	0.15	0.356	0.077
	是否已在本地购房(否=0)	0.25	0.431	0.16	0.363	0.090
	现住房性质					
	租住私房	0.77	0.424	0.84	0.369	−0.071
	租住保障房	0.01	0.082	0.01	0.092	−0.002
	产权房	0.23	0.419	0.15	0.361	0.073
	住房支出	733	1 062	1 041	1 537	−308
	住房支出占家庭收入比	0.13	7.130	0.11	0.115	0.023
	住房支出占家庭总支出比	0.21	0.200	0.23	0.190	−0.018
农业转移人口个人特征变量	性别	0.52	0.499	0.49	0.500	0.033
	年龄	34.42	10.073	34.59	9.754	−0.174
	养老保险	0.52	0.500	0.61	0.489	−0.087
	住房公积金	0.07	0.253	0.18	0.383	−0.110
	受教育水平					
	小学及以下	0.16	0.363	0.15	0.355	0.008
	初中	0.52	0.499	0.50	0.500	0.024
	高中	0.22	0.412	0.22	0.411	0.001
	大专及以上	0.10	0.306	0.14	0.345	−0.033
家庭特征变量	家庭收入	6 555	6 825	10 038	22 785	−3 483
	家庭消费	3 313	2 461	4 241	3 994	−928
	婚姻	0.83	0.376	0.87	0.335	−0.042
	亲生子女数量	1.21	0.869	1.23	0.808	−0.019
流动特征变量	外出务工次数	1.37	1.053	1.33	0.781	0.039
	是否独自流动(是=0)	0.69	0.464	0.53	0.499	0.156
	流动家庭规模	2.65	1.178	2.58	1.128	0.068
	外出务工年限	3.51	1.363	4.08	1.283	−0.572
	父母外出务工经历					
	父母均没有	0.78	0.413	0.73	0.442	0.048
	父/母有	0.07	0.254	0.07	0.260	−0.004
	父母均有	0.15	0.356	0.19	0.395	−0.045

续表

变量	统计指标	全国组 均值	全国组 标准差	上海组 均值	上海组 标准差	组别均值差异（全国—上海）
流动特征变量	外出务工范围					
	跨省流动	0.48	0.500	0.81	0.393	−0.327
	省内跨市	0.34	0.473	0.18	0.386	0.156
	市内跨县	0.18	0.385	0.01	0.096	0.171
	外出务工区域					
	东部地区	0.43	0.495	/	/	/
	东北部地区	0.07	0.254	/	/	/
	中部地区	0.19	0.390	/	/	/
	西部地区	0.32	0.465	/	/	/
个体样本量		122 961	122 961	4 476	4 476	/

基于全国组与上海组的均值差别比较可知(见表6.2)：

(1)上海对农业转移人口的长期留居吸引力较全国更强。上海地区更强的经济活力、更多的工作机会、更高的工作收入对农业转移人口产生了正向的吸引力,上海农业转移人口打算在本地长期务工的比率高出全国农业转移人口7个百分点。另外,从流动的次数和流动的年限来看,在上海的农业转移人口首次外出务工距今时间更长,并且总流动次数较全国更低,具有更高的稳定性。

(2)上海农业转移人口购房的意愿和比率均低于全国平均水平。现实的高房价使得上海农业转移人口在上海本地的购房意愿较全国下降7.7个百分点。同时,已在上海购房的农业转移人口的比例也较全国低9个百分点。在全国组中,愿在当地长期留居的比例是60%,打算在当地购房的人仅为23%,现实中已在当地购房的比率与打算购房的比例较接近25%,有约四分之一的农业转移人口在务工城市实现了自持物业。在上海组中,愿在务工城市留居的比例是67%,但是打算在当地购房的人仅为15%,这一比例与已在当地购房的比例16%亦非常接近。在超大型城市中,高企的房价驱使外来务工者的"过客心态"更加明显。

(3)农业转移人口在上海的住房支出较高,但住房负担率较全国更低。农业转移人口在上海的住房支出每月为 1 041 元,高出全国平均水平 308 元,但由于在上海地区的收入水平较高,因此住房负担率(住房支出与家庭收入比值)较全国低 2.3 个百分点,住房支出平均占家庭收入的 2.3%。

(4)上海的农业转移人口更倾向于小规模的独自流动。无论从家庭流动规模指标还是独自流动指标统计来看,上海农业转移人口外出务工时"拖家带口"的比例更低,这主要是由于大城市的高房价和高生活成本提高了"拖家带口"的流动成本,制约了在大城市举家迁移的可能性。从父辈外出务工经历来看,上海的农业转移人口父母有外出务工经历的比重较高,父辈的外出务工经历具有很强的"示范作用",此外,父辈就外出务工者与农村的联系性更加弱化。

4. 农业转移人口留居意愿多值 Logistic 模型回归分析:基于全国与上海的比较

此处对模型的内生性进行如下说明,在计量上,内生性通常是由以下三种原因所引起:一是测量误差,当测量误差系统性相关时,内生性就会产生,本书所选用变量多为分类变量,因此测量误差基本可以避免。二是遗漏变量,主要是指模型中可能遗漏的那些与自变量相关,同时也与他们未来定居意愿相关的变量,如果模型中遗漏了这样的变量,则回归结果所显示的相关就是一种虚假关系,为尽可能避免此问题,在模型的自变量选择中加入了个体特征、家庭特征、流动特征三方面属性的变量。三是自变量与因变量的互为因果关系所造成的联立性。本研究所调查的是农业转移人口未来年老的定居地选择,多年后的选择意愿很难对农业转移人口现在的各类特征属性产生影响,因此该原因并不存在。利用 STATA14.0 软件进行数据模拟,结果见表 6.3。

表 6.3　　　　　农业转移人口本地留居意愿 Logistic 模型回归

		基础组(打算长期留居本地)			
		全国		上海	
	变量	模型Ⅰ没想好	模型Ⅱ返乡	模型Ⅲ没想好	模型Ⅳ返乡
农业转移人口个人特征变量	性别	1.079*** (0.015)	1.112*** (0.022)	1.244*** (0.079)	1.155 (0.11)
	年龄	0.994*** (0.001)	1.011*** (0.001)	1.010* (0.006)	1.026*** (0.007)
	养老保险	0.96** (0.014)	1.099*** (0.022)	0.912 (0.083)	0.965 (0.114)
	住房公积金	0.572*** (0.032)	0.516*** (0.054)	0.856 (0.128)	0.620** (0.201)
	受教育水平 (参照组＝ 小学及以下)				
	初中	0.875*** (0.02)	0.784*** (0.03)	0.835 (0.02)	0.996 (0.163)
	高中	0.663*** (0.024)	0.562*** (0.037)	0.467*** (0.149)	0.661** (0.2)
	大专及以上	0.397*** (0.032)	0.302*** (0.053)	0.368*** (0.194)	0.308*** (0.308)
家庭特征变量	家庭收入	0.702*** (0.014)	0.786*** (0.022)	0.535*** (0.086)	0.637*** (0.12)
	婚姻	0.52*** (0.025)	0.608*** (0.038)	0.643*** (0.141)	0.516*** (0.196)
	亲生子女数量	1.127*** (0.011)	1.106*** (0.017)	0.997 (0.065)	1.038 (0.09)
流动特征变量	外出务工次数	1.197*** (0.008)	1.287*** (0.009)	1.231*** (0.048)	1.317*** (0.063)
	是否独自流动	1.173*** (0.018)	0.964 (0.028)	1.048 (0.085)	1.334** (0.121)
	流动家庭规模	0.79*** (0.008)	0.684*** (0.013)	1.003 (0.008)	0.950 (0.058)
	外出务工年限	0.742*** (0.006)	0.697*** (0.009)	0.631*** (0.006)	0.593*** (0.046)
	父母外出务工 经历(参照组＝ 父母均没有)				
	父/母有	0.945* (0.027)	1.295*** (0.039)	0.989 (0.027)	1.089 (0.213)
	父母均有	0.846*** (0.021)	1.048 (0.032)	1.004 (0.021)	1.223 (0.153)

续表

<table>
<tr><th colspan="2" rowspan="2">变量</th><th colspan="4">基础组（打算长期留居本地）</th></tr>
<tr><th colspan="2">全国</th><th colspan="2">上海</th></tr>
<tr><th colspan="2"></th><th>模型Ⅰ没想好</th><th>模型Ⅱ返乡</th><th>模型Ⅲ没想好</th><th>模型Ⅳ返乡</th></tr>
<tr><td rowspan="8">流动特征变量</td><td>外出务工范围（参照组＝跨省流动）</td><td></td><td></td><td></td><td></td></tr>
<tr><td>省内跨市</td><td>0.625***
(0.016)</td><td>0.495***
(0.026)</td><td>1.072
(0.016)</td><td>2.103***
(0.121)</td></tr>
<tr><td>市内跨县</td><td>0.556***
(0.02)</td><td>0.399***
(0.034)</td><td>2.879***
(0.375)</td><td>4.308***
(0.446)</td></tr>
<tr><td>外出务工区域（参照组＝东部地区）</td><td></td><td></td><td></td><td></td></tr>
<tr><td>东北部地区</td><td>0.602***
(0.029)</td><td>0.396***
(0.057)</td><td>/</td><td>/</td></tr>
<tr><td>中部地区</td><td>0.922***
(0.02)</td><td>0.87***
(0.033)</td><td>/</td><td>/</td></tr>
<tr><td>西部地区</td><td>0.926***
(0.017)</td><td>1.092***
(0.025)</td><td>/</td><td>/</td></tr>
<tr><td colspan="2">系数</td><td>4.903***
(0.121)</td><td>14.522***
(0.186)</td><td>6.401***
(0.735)</td><td>2.676***
(1.017)</td></tr>
<tr><td colspan="2">个体样本量</td><td>122 961</td><td>122 961</td><td>4 476</td><td>4 476</td></tr>
<tr><td colspan="2">Log likelihood</td><td>−100 559.69</td><td>−100 559.69</td><td>−3 374.365 6</td><td>−3 374.365 6</td></tr>
<tr><td colspan="2">Pseudo R^2</td><td>0.080 6</td><td>0.080 6</td><td>0.098 1</td><td>0.098 1</td></tr>
</table>

注：*** 表示 $p<0.001$；** 表示 $p<0.01$；* 表示 $p<0.05$。

模型中纳入不同类型因素，最后得到95%置信度下的六个回归模型。对回归方程进行多个解释变量的联合显著性Wald检验，所有解释变量在1%的水平上通过检验。两个模型VIF检验小于5，不存在显著共线性，方程检验通过。回归模型通过了0.1%的卡方检验，模型拟合较好。上表中系数均为发生比，对农业转移人口是否有长期留居当地打算的回归结果进行如下解释：

（1）户主基本特征与留居意愿

①女性农业转移人口留居当地意愿更强。在全国组模型Ⅰ和模型Ⅱ中，性别对留居意愿的影响是显著的，并且呈正相关关系。这表明在其他

影响因素不变的情况下,相对于基础组(长期留居务工城市),男性农业转移人口对长期留居务工城市的不确定性和返乡的意愿较女性更高。通过相对发生比系数可以看出,相对于想要长期留居务工城市,男性农业转移人口的不确定性是女性农业转移人口的1.08倍,明确选择返乡的男性农业转移人口的相对概率是女性农业转移人口的1.11倍。在上海组模型Ⅲ和模型Ⅳ中,男性留居城市的不确定性增强,为女性的1.24倍。

②在全国组中,随着年龄的增长,农业转移人口的留居意愿更为明确,无论是长期留居本地还是返乡的意愿均显著高于"没想好"的选择。但在上海组中,随着年龄的增长,想长期留居上海的农业转移人口数量明显下降,返乡的不确定性和明确有返乡意愿的农业转移人口比例上升,这可能源于上海近年房价的高涨,生活成本的上升使得在上海的农业转移人口未来购房定居的可能性进一步下降。而且年龄越大从事劳动力密集型行业将越不具优势,如果经过若干年后,农业转移人口还没有机会成为真正意义上的市民时,可能会导致农业转移人口对未来工作生活的地点选择策略发生转变。这些综合因素使得在上海务工的农业转移人口群体随着年龄的增长,"城市过客"的心理更加明显,返乡意愿上升。

③无论在全国组还是上海组内,随着受教育水平的逐级提升,长期留居本地的意愿也随之上升。人力资本理论认为,教育可以增进人力资本积累,受教育水平信号能有利于雇主区分高劳动生产率和低劳动生产率的个体,进而对具备高劳动生产技能和管理水平的员工分配更高的收入。高水平的教育使得外来务工者对未来的收入流有更高的预期,也为他们留居城市提供了更多的财力保障。

(2)住房公积金制度与留居意愿

无论在全国组还是上海组中,住房公积金制度都会极大地提升农业转移人口在务工城市长期留居的意愿。在全国组中,较之留居务工城市,拥有住房公积金的农业转移人口想返乡的比例会下降约一半,在上海组中,拥有住房公积金的农业转移人口想返乡的比例会下降至0.62倍。

(3)家庭结构特征与留居意愿

与直觉相符,收入越高的农业转移人口越愿意选择留居务工城市,一方面是因为在务工城市可以获得更好的工作机会和更丰厚的收入,另一方面随着财力的增强,在务工城市购房等压力相对削弱,同时还能享受城市优良的教育和医疗资源。并且已婚的农业转移人口留居务工城市的意愿更为明显。但是,在全国组中,随着子女数量的增加,农业转移人口在务工城市长居的不确定性和返乡意愿均显著增强。在上海组中,子女数量对农业转移人口留居意愿的影响并不显著。

在全国组中,独自流动者留居意愿的不确定性最高,是打算长期留居本地概率的 1.17 倍。在上海组中,独立流动者的返乡意愿最强。基于全国的数据显示,流动家庭人口数量越高,在城市中的家庭人数越大,农户家庭与农村的联系越淡,也更有可能是选择在务工城市长期留居。

(4)流动特征与留居意愿

在全国组中,父辈有外出务工的经历会给予农业转移人口的留居意愿一定的辅助参考作用,选择留居意愿不确定的农业转移人口数量下降。父母只有一方外出务工的农业转移人口,返乡意愿是留居务工城市的 1.3 倍。在上海组中,父辈的外出务工经历对农业转移人口的留居意愿无法产生显著性影响。外出务工的年限是可以作为工作经验的代理变量,无论全国组还是上海组中,外出工作经验越丰富的农业转移人口越倾向于选择长期留居务工城市。

从务工范围角度分析,在全国组中,务工地域离老家越近,越倾向于长期留居务工城市。省内跨市流动的农业转移人口有返乡打算的只有跨省流动农业转移人口的一半,市内跨县流动的农业转移人口返乡意愿只有跨省流动农业转移人口的 40%。在上海本市内跨区流动的务工者,回到户籍地的概率是留在工作地点长期居住的 4.3 倍。东北部地区工作生活的农业转移人口返乡意愿最低,仅为东部地区务工的农业转移人口的 40%,紧随其后的是中部地区,西部地区工作的农业转移人口返乡意愿显著超过东部地区。

(二)农业转移人口本地购房意愿的量化分析:基于全国与上海的比较

建立农业移动人口当地购房意愿的 Logistic 模型回归,如表 6.4 所示。

表 6.4　　农业转移人口当地购房意愿 Logistic 模型回归

变量		全国样本	上海样本
个人特征变量	性别	1.035** (0.015)	1.101 (0.102)
	年龄	0.993*** (0.001)	0.99 (0.007)
	养老保险	1.051*** (0.016)	0.956** (0.102)
	住房公积金	1.285*** (0.036)	1.296** (0.163)
	受教育水平(参照组＝小学及以下)		
	初中	1.321*** (0.031)	1.454*** (0.266)
	高中	1.682*** (0.046)	2.385*** (0.48)
	大专及以上	2.400*** (0.077)	3.117*** (0.699)
家庭特征变量	家庭收入	1.374*** (0.019)	2.571*** (0.215)
	婚姻	1.495*** (0.039)	1.413* (0.252)
	亲生子女数量	0.862*** (0.011)	0.966 (0.076)
流动特征变量	外出务工次数	0.868*** (0.008)	0.801*** (0.057)
	是否独自流动	1.014 (0.019)	0.96 (0.093)
	流动家庭规模	1.219*** (0.009)	1.035 (0.045)
	外出务工时长	1.106*** (0.007)	1.214*** (0.055)

续表

	变量	全国样本	上海样本
流动特征变量	父母外出务工经历（参照组＝父母均没有）		
	父/母有	1.115*** (0.031)	0.881 (0.159)
	父母均有	1.073*** (0.023)	1.134 (0.138)
	外出务工范围（参照组＝跨省流动）		
	省内跨市	1.600*** (0.027)	0.922 (0.114)
	市内跨县	1.634*** (0.033)	1.419 (0.647)
	外出务工区域（参照组＝东部地区）		
	东北部地区	1.740*** (0.05)	/
	中部地区	1.229*** (0.026)	/
	西部地区	1.389*** (0.025)	/
系数		0.004*** (0.000)	0*** (0)
个体样本量		122 961	4 476
Log likelihood		−62 188.72	−1 659.14
Pseudo R²		0.052 3	0.118 7

注：全国样本：*** $p<0.001$；** $p<0.01$；* $p<0.05$。上海市样本：*** $p<0.01$；** $p<0.05$；* $p<0.1$。

1. 户主基本特征与购房意愿

男性农业转移人口在务工城市购房意愿更强。在全国组模型中，性别对购房意愿的影响是显著的，并且呈正相关关系。这表明在其他影响因素不变的情况下，男性农业转移人口对在务工城市购房的意愿较女性更高。通过相对发生比系数可以看出，相对于想要长期留居务工城市,男性农业转移人口购房意愿是女性农业转移人口的1.035倍。在上海组模型中,男性在务工城市购房的无意愿强于女性,但并不显著。

在全国组中,随着年龄的增长会降低农业转移人口在当地购房的想法,在全国组中,年龄的上升导致购房意愿的下降更为显著,这主要是由于农户流动人口在城市中主要从事的是劳动密集型行业,年龄的增长在此类行业的从业中并无明显优势。此外,年龄较大的农户流动人口与农村的联系更为紧密,城市过客的心态使其更倾向于回乡定居,务工收入则用于储蓄并尽可能给进城务工的下一代子女购房。

无论在全国组还是上海组内,受教育水平逐级提升农业转移人口在当地购房的意愿。高受教育水平可能会引致农业转移人口对未来较长一段时期内持有较强的高工资回报预期,增强在务工城市的购房定居意愿。

2. 住房公积金制度与购房意愿

在全国组和上海组中,拥有住房公积金的农业转移人口更倾向于在务工城市购房。拥有住房公积金的农业转移人口当地购房意愿的强度较无住房公积金的农业转移人口高出1.3倍。

3. 家庭结构特征与购房意愿

收入越高的农业转移人口更愿意选择在务工城市购房,这点在上海组中更为明显。在全国组中,随着收入的上升,打算在务工城市购房者的比率高出不打算购房者1.4倍;在上海组中,随着收入的上升,打算在当地购房的利率高出2.6倍,相较于全国,上海高企的房价水平,使得收入成为影响农业转移人口当地购房意愿的一项非常显著且重要的指标。已婚的农业转移人口留居务工城市的意愿更为明显。同样,与留居意愿指标相同的是,在全国组中,随着子女数量的增加,农业转移人口在务工城市购房的打算反而削弱。在上海组中,子女数量对农业转移人口当地购房的影响并不显著。

4. 流动特征与购房意愿

在全国组中,父辈有外出务工的经历会给农业转移人口的留居意愿产生一定的辅助参考作用,会促使在当地购房者的数量上升。父母只有一方外出务工的农业转移人口,有当地购房打算的概率会上升1.1倍,如果父母双方都有外出务工经历,农业转移人口当地购房打算的概率会上升1.07倍。但在上海组中,父辈的外出务工经历对农业转移人口当地购房意愿无法产生显著性影响。

无论在全国组还是上海组中,是否独立流动都不是影响当地购房意愿的显著性因素。基于全国的数据显示,流动家庭规模越大,越倾向于在务工城市购房。

从务工范围角度分析,在全国组中,务工地域离老家越近,越倾向于在务工城市购房。省内跨市流动的农业转移人口有当地购房想法的是跨省流动农业转移人口的1.6倍,市内跨县流动的农业转移人口是跨省流动农业转移人口的1.63倍。但在上海组中,离开老家的远近并不会对农业转移人口当地购房意愿产生显著性影响。在东北部地区工作生活的农业转移人口想在当地购房的概率高出东部地区农业转移人口1.74倍,中部地区工作生活的农业转移人口想在当地购房的概率是东部地区的1.23倍,中部地区工作生活的农业转移人口想在当地购房的概率是东部地区的1.39倍。

(三)农业转移人口租购房选择的量化分析:基于全国与上海的比较

建立农业转移人口租购房选择的Logistic模型回归,如表6.5所示。

表 6.5　　　　　　农业转移人口租购房选择 Logistic 模型回归

	变量	全国样本	上海样本
农业转移人口个体特征变量	性别	0.842*** (0.013)	0.398*** (0.043)
	年龄	1.021*** (0.001)	1.057*** (0.008)
	养老保险	0.950*** (0.015)	0.834 (0.099)
	住房公积金	1.765*** (0.052)	1.654*** (0.23)
	受教育水平（参照组＝小学及以下）		
	初中	1.226*** (0.028)	1.894*** (0.349)
	高中	1.854*** (0.05)	4.182*** (0.885)
	大专及以上	3.476*** (0.114)	13.042*** (3.146)
家庭特征变量	家庭收入	1.815*** (0.027)	4.674*** (0.461)
	婚姻	2.678*** (0.08)	3.523*** (0.935)
	亲生子女数量	0.755*** (0.01)	0.848* (0.074)
流动特征变量	外出务工次数	0.678*** (0.008)	0.754*** (0.06)
	是否独自流动	0.983 (0.019)	0.774** (0.084)
	流动家庭规模	1.288*** (0.01)	1.027 (0.049)
	外出务工时长	1.393*** (0.009)	1.805*** (0.103)
	父母外出务工经历（参照组＝父母均没有）		
	父/母有	0.828*** (0.026)	1.335 (0.26)
	父母均有	1.123*** (0.026)	1.297* (0.188)

续表

	变量	全国样本	上海样本
流动特征变量	外出务工范围 (参照组＝跨省流动)		
	省内跨市	1.905*** (0.033)	1.127 (0.153)
	市内跨县	2.570*** (0.053)	0.546 (0.412)
	外出务工区域 (参照组＝东部地区)		
	东北部地区	4.308*** (0.123)	/
	中部地区	2.097*** (0.045)	/
	西部地区	2.074*** (0.039)	/
系数		0.000***	0*** (0.000)
个体样本量		122 961	4 476
Log likelihood		−58 280	−1 332.423 6
Pseudo R^2		0.152 3	0.314 1

注：*** $p<0.001$；** $p<0.01$；* $p<0.05$。

1. 户主基本特征与租购房选择

在现实购房选择的实证回归结果，与留居意愿和购房意愿产生了较大的差异。之前的留居意愿和购房意愿中男性的意愿高于女性，但是现实中，女性农业转移人口购房可能性更高。相较于女性，男性农业转移人口的购房概率降至84%，在上海组样本中，男性农业转移人口的购房概率仅为女性农业转移人口的40%。我国的传统观念中多认为男性应承担购房的义务。女性外来务工者可以通过与本地人结婚的方式获得房产，但是男性流动人口如果没有房产，基本上很少能通过婚姻的方式获得女方在当地的房产。

随着年龄的增长，农业转移人口现实中租房的可能性下降，购房的比例上升。在全国组群内,随着受教育水平的逐级提升购房概率也显著上升,大学及以上的高教育水平群体购房发生比是低教育水平群体的 3.5 倍。在上海组中,大学及以上的高教育水平群体购房发生比是低教育水平群体的 13 倍。受教育水平对购房可能性有极强的正向效应。

2. 住房公积金制度与租购房选择

住房公积金制度会极大地提升农业转移人口的购房能力。在全国组群中,有住房公积金保障群体的购房发生比是无住房公积金者的 1.77 倍。在上海组群中,有住房公积金保障群体的购房发生比是无住房公积金者的 1.65 倍。

3. 家庭结构特征与租购房选择

婚姻状况不仅会改变人们对住房条件的需求,也会真实提升人们的购房可能性。在全国组群中,已婚农业转移人口的购房发生比是未婚农业转移人口的 2.67 倍。在上海组群中,已婚农业转移人口的购房发生比是未婚农业转移人口的 3.52 倍。家庭收入的提升会显著增强人们在当地对住房的购买力,相较于全国组,在上海组中收入对住房购买力的影响效用更强,家庭收入的上升会使得购房发生比上升 4.67 倍。子女的数量与购房可能性负相关,不可否认的是,子女数量的增加带来生活、教育等一系列育儿成本的增长,反而不利于农业转移人口家庭实现购房计划。

4. 流动特征与租购房选择

在全国组中,流动家庭规模越大越可能在当地购房。但在上海组中该指标的效力并不显著。只有父母双方都有外出务工的经历,才会对子女在当地购房产生正向的影响,只有一方外出务工并不会对子女购房产生助推作用。而第一次外出务工时间越早,在流入地待的时间越长,外出务工经验越丰富,购房可能性越高。

从流入地角度分析,在东北部地区工作生活的流动人口最有可能在当地购房,紧随其后的分别是中部地区和西部地区,东部地区的流动人口租房概率最高。从流动范围角度分析,在全国组中,市内跨县流动者的购房可能性最高,跨省流动者的购房可能性最低。

第七章 城乡户籍差异视角下流动人口租购房选择的实证分析

2014年推进的户籍改革制度主导思想是严控特大城市和大城市户籍，全面放开中小城市和小城镇。户籍制度改革的方向与人口流动的方向背道而驰（魏东霞和湛新民，2018），依然黏附在户籍制度上的教育、就业、住房保障等方面的城乡差别待遇，使得表面上被击破的户籍登记制度门槛转化为隐性的市民化门槛而存在。在流入城市购房是农业转移人口融入当地社会和完成市民化的重要体现。流动人口是一个高度分化的群体，最大的社会分层源自户籍类型（杨菊华，2018）。量化测度农业户籍当下对农业转移人口在流入城市购房的阻碍度，对于预测全国及区域房地产市场未来前景有直接的产业应用价值，对于推进农业转移人口市民化、加快新型城镇化进程有诸多直接的政策启示，也是促进区域房地产市场可持续均衡发展的重要依据。

（一）理论分析与研究假设

黏附在户籍制度上的教育、就业、住房保障等方面的城乡差别待遇，使得流动人口的农业户籍身份不仅极易识别且严重固化。农业转移人口将自己视作"城市过客"并不能简单归因为一种思维惯性和心理约束，无论从农业转移人口在城市中雇佣率和收入分布角度还是与户籍捆绑在一起的保障制度来看，农业户籍身份都会增加农业转移人口在流入城市购房难度。

1. 劳动力报酬水平差异。鉴于住房的耐用消费品属性,收入水平及其不确定性变化风险一直被国内外学者认为是影响购房能力的重要因素(Kain 和 Quigley,1972;周京奎,2011)。由于城乡教育资源分配不平衡,农业转移者大部分受教育水平低,在流入地和职业的选择方面有很强的随机性和临时性,收入报酬低。"城—城"转移者大多先在城市中接受高等教育或已积累较强的管理和专业技能,再进行跨地区择业,收入起薪高。而即便是从事同类工作,在 Doeringer 和 Piore(1971)提出城市双重分割劳动力市场之后,众多学者都已证实在我国劳动力市场上存在着由农业户籍所导致的收入歧视现象(蔡昉,2000;邢春冰和罗楚亮,2009;周世军和周勤,2012;章莉等,2016;孙婧芳,2017)。于潇和孙悦(2017)应用 2015 年全国流动人口动态监测数据的实证分析表明,户籍制度导致农村流动人口与城镇流动人口的收入产生明显差距。

2. 住房资金配置差异。依然强依附于户籍制度的教育、医疗保障等福利要素,使得农业转移人口家庭为了应对城乡两栖生活中更大的不确定性,产生更强的预防性储蓄动机,从而抑制购房意愿并挤占住房消费,压缩家庭资金在住房预算上的配置比例,降低农业转移人口购房可能性。

基于上述分析,提出此部分待验证的研究假说 1 和 2:

研究假说 1:农业转移人口比城城间转移人口在流入城市中的购房意向和实际购房率低。

研究假说 2:农业户籍身份加剧了农业转移人口与城城间转移人口城市购房意愿和购房率的差距。

(二)实证模型选择与数据说明

此部分的离散模型用于识别农业户籍对当地购房行为的影响力,而非线性模型差异分解法则用于进一步精准量化农业户籍对不同流动人口组间购房行为差异的贡献度。

1. 离散选择模型与差异分解

假定决定流动人口 i 是否能在当地购房的潜在影响因素线性可加地取决于可观测因素 X_i^j 和不可观测因素 ε_i^j。其中 j 为户籍标识,当个体 i

为农业转移人口时 $j=0$,当个体 i 为非农业转移人口时 $j=1$。此时,观测到的流动人口在当地购房的概率为:

$$\Pr(y_i^j=1)=\Pr[(X_i^j\beta^j+\varepsilon_i^j)>0]=F(X_i^j\beta^j) \quad (7-1)$$

其中,y_i^j 为标识流动个体 i 是否当地购房的二元选择变量,已当地购房取值为 1,否则取值为 0。β^j 为可观测因素的系数。当可观测变量 X_i^j 中存在多个分类变量时,需将各分类变量转化为虚拟变量后再纳入模型。假定 ε_i^j 服从逻辑分布,式(7-1)为 Logit 模型。假如 $y_i^j=1$ 的概率为 π_i^j,在此设定下,流动个体 i 当地购房发生与不发生比(Odds)为:

$$\Omega_i=\frac{\pi_i^j}{1-\pi_i^j}=e^{X_i^j\beta^j} \quad (7-2)$$

此部分如前章所述选用离散模型的 Fairlie(2006)差异分解法,此处不再赘述。

2. 数据说明

文章使用的数据来源于国家卫生和计划委员会开展的"2016 年全国流动人口动态监测调查"。该调查以 31 个省(区、市)流动人口较为集中的流入地为样本抽取点,采取分层、多阶段、与规模成比例的概率规模比例抽样(Probability Proportionate to Size Sampling,PPS)方法进行抽样。抽样总体为在流入地居住一个月以上,非本区(县、市)户口的 15—59 周岁的流入人口,调查的总样本量为 16.9 万户,涉及流动人口家庭成员共计约 45 万人。在剔除各选取自变量上存在缺失值或不明确的样本后,最终确定的有效样本量为 150 258 户,其中农业转移组 127 385 户,城城间转移组 22 873 户。

3. 变量统计性描述

本书重点考察城乡户籍差异对不同户籍流动人口住房选择的影响和测算影响的贡献度,因此在统计性描述部分不仅给出全样本的描述,还依据户籍身份将流动人口分为农业转移人口组和非农业转移人口组进行描述,并给出各变量的户籍组间均值差(见表 7.1)。

表 7.1　　　　　　　　　变量与组间均值差异统计描述

统计指标	全体 均值	全体 方差	农户组 均值	农户组 方差	非农户组 均值	非农户组 方差	户籍组别 均值差异
有当地购房意愿	0.23	0.424	0.22	0.416	0.30	0.457	−0.073 9
已在本地购房	0.28	0.449	0.25	0.431	0.47	0.499	−0.220 7
非农户	0.15	0.359	0	0	1	0	1
男性	0.52	0.499	0.52	0.499	0.52	0.5	0.007
年龄	34.78	10.381	34.47	10.121	36.46	11.580	−1.990 7
受教育水平	2.4	0.916	2.26	0.847	3.17	0.905	−0.907 9
外出工作经验	2.77	1.029	2.77	1.036	2.75	0.991	0.022 0
养老保险	0.54	0.498	0.52	0.500	0.66	0.473	−0.143 4
住房公积金	0.10	0.303	0.07	0.251	0.29	0.455	−0.225 6
家庭收入	6 880	17 120	6 514	6 764	8 919	40 814	−2 405
婚姻	0.83	0.375	0.83	0.376	0.84	0.371	−0.006 1
亲生子女数量	1.18	0.864	1.22	0.876	0.93	0.750	0.291 0
流动家庭规模	2.60	1.178	2.65	1.186	2.33	1.095	0.317 4
外出务工次数	1.34	1.024	1.36	1.062	1.22	0.769	0.143 1
非独自流动	0.67	0.471	0.69	0.463	0.56	0.496	0.124 1
父母外出务工经历	1.35	0.715	1.37	0.727	1.28	0.643	0.088 7
外出务工范围	1.68	0.751	1.68	0.753	1.68	0.739	0.001 8
外出务工区域	2.42	1.317	2.43	1.321	2.34	1.287	0.093 9
个体样本量	150 258		127 385		22 873		/

依据表 7.1 最后一列城乡流动组和城城转移组的组间均值差,可对比出如下统计信息:城乡流动组当地购房意愿仅比城城转移组低 7%,而实际购房率差距拉大为比城城转移组低 22%。在户主特征比较中,城乡流动组呈现出外出务工者年龄小、受教育程度低、保障资源覆盖率低、工作经验丰富的特征。在家庭结构特征比较中,农业转移人口家庭月收入低,子女数量多,家庭负担更重。在流动特征比较中,城乡流动组更倾向于"拖家带口"跨省市向经济最发达的东部地区流动。这也从侧面印证了农业转移组的流动中有很强的就业导向而非定居导向。非农业转移人口

更倾向于小规模的独立流动,距离老家更近的城市兼具地缘和亲缘优势因而受到城城转移者青睐。从父辈外出务工经历来看,农业转移人口父母外出务工经历的比重更高,父辈的外出务工经历对下一代具有很强的"示范作用"。

(三)实证分析与结果讨论

1. 不同户籍身份流动人口租购房选择模型回归结果与分析

本书在控制个体特征、家庭特征和流动特征三大类变量的基础上对全样本、农业转移组和城城转移组进行分组 Logistic 回归。被解释变量包括是否想在当地购房和是否已在当地购房两个指标,式(7-1)的 Logistic 函数形式可演化为模型Ⅰ—模型Ⅵ。

表 7.2　流动人口租购房意愿与实际选择的非线性 Logistic 模型回归

变量 \ 模型	当地购房意愿 模型Ⅰ(全体)	当地购房意愿 模型Ⅱ(农业转移人口组)	当地购房意愿 模型Ⅲ(城—城转移人口组)	已在当地购房 模型Ⅳ(全体)	已在当地购房 模型Ⅴ(农业转移人口组)	已在当地购房 模型Ⅵ(城—城转移人口组)
户籍	1.07*** (0.020)	/	/ (0.028)	1.52***	/	/
性别	1.01 (0.013)	1.02 (0.015)	1.02 (0.031)	0.83*** (0.011)	0.85*** (0.012)	0.76*** (0.023)
年龄	1.05*** (0.005)	1.05*** (0.006)	1.03*** (0.010)	0.97*** (0.004)	0.98*** (0.005)	0.93*** (0.008)
年龄平方	1.00*** (0.000)	1.00*** (0.000)	1.00*** (0.000)	1.00*** (0.000)	1.00*** (0.000)	1.00*** (0.000)
工作经验	1.21*** (0.040)	1.24*** (0.045)	1.14* (0.090)	1.76*** (0.061)	1.78*** (0.069)	1.59*** (0.125)
工作经验平方	0.98*** (0.005)	0.98** (0.006)	0.98 (0.013)	0.98*** (0.006)	0.97*** (0.006)	1.00*** (0.013)
受教育水平(参照组=小学及以下)						
初中	1.26*** (0.028)	1.29*** (0.030)	0.96 (0.090)	1.28*** (0.027)	1.27*** (0.028)	1.29*** (0.106)
高中	1.59*** (0.040)	1.65*** (0.044)	1.04 (0.097)	1.89*** (0.046)	1.89*** (0.050)	1.69*** (0.139)
大专及以上	2.19*** (0.063)	2.34*** (0.074)	1.32*** (0.125)	3.38*** (0.097)	3.56*** (0.114)	2.69*** (0.228)

续表

变量 \ 模型	当地购房意愿 模型Ⅰ（全体）	模型Ⅱ（农业转移人口组）	模型Ⅲ（城—城转移人口组）	已在当地购房 模型Ⅳ（全体）	模型Ⅴ（农业转移人口组）	模型Ⅵ（城—城转移人口组）
医疗保险	1.03** (0.014)	1.04** (0.015)	1.01 (0.037)	0.97** (0.013)	0.95*** (0.014)	1.1*** (0.039)
住房公积金	1.21*** (0.027)	1.28*** (0.036)	1.11*** (0.044)	1.68*** (0.039)	1.78*** (0.052)	1.49*** (0.059)
家庭收入	1.32*** (0.016)	1.35*** (0.019)	1.20*** (0.033)	1.76*** (0.022)	1.74*** (0.025)	1.79*** (0.051)
婚姻状况	1.29*** (0.031)	1.38*** (0.038)	1.05 (0.057)	2.96*** (0.080)	2.92*** (0.090)	2.93*** (0.166)
亲生子女数量	0.86*** (0.010)	0.85*** (0.011)	0.89*** (0.026)	0.79*** (0.009)	0.76*** (0.009)	0.96*** (0.026)
流动频次	0.89*** (0.008)	0.88*** (0.008)	0.94** (0.021)	0.68*** (0.007)	0.69*** (0.008)	0.66*** (0.018)
非独自流动	1.01 (0.016)	1.01 (0.019)	1.02 (0.038)	0.99 (0.017)	0.98 (0.019)	1.07*** (0.039)
流动家庭规模	1.22*** (0.008)	1.22*** (0.009)	1.15*** (0.020)	1.26*** (0.009)	1.29*** (0.010)	1.12*** (0.019)
双亲外出务工经历（参照组＝均无）						
父/母一方有	1.09*** (0.027)	1.11*** (0.031)	1.00 (0.060)	0.83*** (0.023)	0.82*** (0.026)	0.88*** (0.054)
父/母均有	1.08*** (0.021)	1.10*** (0.023)	0.98 (0.049)	1.09*** (0.022)	1.09*** (0.025)	1.11*** (0.056)
流动范围（参照组＝跨省流动）						
省内跨市	1.54*** (0.023)	1.60*** (0.026)	1.31*** (0.048)	1.76*** (0.027)	1.82*** (0.031)	1.49*** (0.054)
市内跨县	1.57*** (0.029)	1.66*** (0.034)	1.20*** (0.057)	2.35*** (0.044)	2.47*** (0.050)	1.81*** (0.083)
流动区域（参照组＝东部地区）						

续表

模型 变量		当地购房意愿			已在当地购房		
		模型Ⅰ (全体)	模型Ⅱ (农业转移 人口组)	模型Ⅲ (城—城转移 人口组)	模型Ⅸ (全体)	模型Ⅴ (农业转移 人口组)	模型Ⅵ (城—城转移 人口组)
中部		1.13*** (0.022)	1.21*** (0.025)	0.76*** (0.038)	1.99*** (0.039)	2.10*** (0.045)	1.59*** (0.077)
西部		1.25*** (0.020)	1.36*** (0.024)	0.82*** (0.033)	2.03*** (0.034)	2.08*** (0.039)	1.90*** (0.076)
东北部		1.53*** (0.038)	1.71*** (0.049)	0.96 (0.051)	3.69*** (0.092)	4.18*** (0.119)	2.50*** (0.131)
常数项		0.00*** (0.000)	0.00*** (0.000)	0.04*** (0.011)	0.00*** (0.000)	0.00*** (0.000)	0.000*** (0.000)
个体样本量		150 258	127 385	22 873	150 258	127 385	22 873
Prob>chi2		0.000	0.000	0.000	0.000	0.000	0.000
Log likelihood		−77 868.7	−64 107.0	−13 508.1	−74 618.7	−60 629.8	−13 789.0
Pseudo R^2		0.048 7	0.052 4	0.029 5	0.161 9	0.146 9	0.127 5

注:括号内为标准误,***、**、*分别表示在1%、5%、10%的水平上显著。

对模型Ⅰ—模型Ⅵ进行多个解释变量的联合显著性Wald检验,所有解释变量在1%的水平上通过检验,六个模型VIF检验小于2.5,不存在显著共线性,方程检验通过。

由表7.2中模型Ⅰ和模型Ⅸ可知,城—城转移人口的当地购房意愿是农业转移人口的1.07倍,而实际上,城—城转移人口在当地实际购房率是农业转移人口的1.52倍。通过对比模型Ⅱ与模型Ⅲ、模型Ⅴ与模型Ⅵ,可知大龄、男性、低收入、已婚、多子女、频繁跨省市流动、在东部地区务工、无住房公积金保障的农业转移人口是在务工城市购房的"特困户"。至此,研究假说1得以验证。

2.基于不同户籍身份流动人口的Fairlie差异分解

(1)购房意愿的Fairlie组间差异分解结果

为了避免可观测变量排序的路径依赖问题(Path Dependent,Fortin,Lemieux和Firpo,2011),本书由程序随机反复1 000次子样本抽取过程。1 000次分解时的变量排序位置均为随机。表7.3中最终呈现的是这1 000次自抽法(Bootstrap)差异分解结果的均值。

表 7.3　　　　　　　购房意愿的 Fairlie 差异分解结果

系数 β 估计 样本选择	A. 农业转移人口组		B. 城—城转移人口组		C. 混合样本组	
	特征差异	贡献度	特征差异	贡献度	特征差异	贡献度
特征效应	−0.074	95.37%	−0.033	44.96%	−0.066	88.73%
系数效应	−0.003	4.63%	−0.041	55.04%	−0.008	11.27%
合计	−0.073 9	100%	−0.073 9	100%	−0.073 9	100%

注：显著性水平是在正态分布的假定前提下给出的，此处仅作参考；A—C 列中 β 估计的样本规模分别为 127 385 户、22 873 户、150 258 户，表 7.4 同。

表 7.3 中的 A—C 列分别为使用农业转移组估计系数、城—城转移组估计系数、混合样本组估计系数作为权重的差异分解结果，受指数基准问题的影响，解释变量特征的户籍差异对总差异的解释力度产生了较明显变化。考虑到全样本回归系数中所包含信息量大，并能有效降低指数基准问题对分解结果的影响，本书仅将 A 和 B 列结果作为对模型稳健性检验的一种参考，后文重点分析第 C 列的差异分解结果。农业转移人口的购房意愿比城—城流动人口低 7.4%，从系数效应中可知农业户籍因素使得农业转移人口的购房意愿下降 0.8%，对两组流动人口购房意愿总差异的贡献度为 11.27%。

（2）购房发生比差距的 Fairlie 差异分解结果

表 7.4 中显示分别以农业转移人口组、城—城转移人口组、混合样本组的估计系数作为权重值，使用 1 000 次自抽法（Bootstrap）对不同户籍身份流动人口组群购房发生比差异的分解结果如表 7.4 所示：

表 7.4　　　不同户籍流动人口实际购房发生比差异的 Fairlie 分解结果

β 估计系数 选用样本	D. 农业转移人口组 (127 385 户)		E. 城—城转移人口组 (22 873 户)		F. 混合样本组 (150 258 户)	
	特征差异	贡献度	特征差异	贡献度	特征差异	贡献度
禀赋效应	−0.140	63.49%	−0.123	55.64%	−0.155	70.28%
系数效应	−0.081	36.51%	−0.098	44.36%	−0.066	29.72%
合计	−0.221	100%	−0.221	100%	−0.221	100%

同样基于指数基准问题的考虑,本书重点分析以全样本系数作为权重的第 F 列分解结果。农业转移人口组比城—城转移人口组的实际购房发生比低 22.1%,由样本特征不可解释的系数效应占比为 29.7%。至此,研究假说 2 得以验证。

第八章　代际差异视角下农业转移人口租购房选择的实证分析

随着城市中农业转移人口规模的持续扩张,开始有部分学者关注到农业转移人口不再是一个高度同质的群体,其在流入城市的定居意愿、居住感受、区位选择等方面已呈现出代际分化:政府部门及学者们着手考察新生代农民工与老一代农民工城市住房诉求的异同点(国家统计局,2011;中华总工会,2011;刘传江,2010;杨肖丽等,2015),一系列研究结果表明"老一代"农民工普遍有强烈的乡土情结和城市过客心态,"在城镇赚钱,回家消费"的观念深入人心,在务工地的住所狭小破旧属于"将就型";新生代农民工与老一代农民工的城市融入程度存在代际差异(何军,2011);新生代农民工城市居留意愿强于老一代,住房属性对新生代农民工城市居留意愿的影响较大(杨巧和李鹏举,2017);老一代农业转移人口感知住房困难,为建/买不起房而焦虑的比例显著高于新生代农民工(张黎莉和严荣,2019)。

相较于老一代农业转移人口,一方面新生代农业转移人口在城市的务工经历较短,工作经验不丰富等因素会成为他们在务工城市购房的劣势,另一方面新生代农业转移人口的父母可能已经有长期外出务工经历并已经有一定的财富积累,家庭资源禀赋因素又会为他们在务工城市购房提供支持。那么,相较于老一代农业转移人口,新生代农业转移人口在务工城市的购房发生率是高还是低?代际因素是否会成为影响农业转移人口购房发生率的显著性因素？代际因素又在多大程度上导致了新、老农业转移人口购房发生率的差异？这些都是此部分实证所亟待解决的核心问题和研究价值所在。

(一)实证模型选择

农业转移人口租购房选择模型的构建分为两部分内容：第一部分为新、老农业转移人口租购房实际选择离散模型，用于识别影响农业转移人口当地租购房二元选择的变量；第二部分为新、老农业转移人口购房发生率差异分解模型，用于识别加大新、老农业转移人口购房发生率差异的显著性变量。

1. 租购房选择离散模型

由于农业转移人口租购房选择因变量为二分类变量，且自变量中也存在多个分类变量，所以本书采用二元 Logsitic 回归模型进行定量分析。相应的 Logsitic 模型结构为：

$$P(y=1|x_1,\cdots,x_k)=\frac{1}{1+e^{-(\alpha+\beta_1 x_1+\cdots+\beta_k x_k)}} \quad (8-1)$$

其中，y 为虚拟变量，$y=1$ 代表购房事件发生，$y=0$ 代表购房事件不发生，$x_1,x_2,\cdots,x_k$ 为解释变量，若自变量为分类变量则将其转化为虚拟变量后再纳入模型，k 为自变量的总数，α 为常量，β_k 为偏回归系数。

事件发生与不发生的比(Odds)为：

$$\frac{P_i}{1-P_i}=e^{\alpha+\beta_1 x_1+\cdots+\beta_k x_k} \quad (8-2)$$

对式(8-2)取自然对数可将其转换为线性函数：

$$\ln\left(\frac{P_i}{1-P_i}\right)=\alpha+\beta_1 x_1+\cdots+\beta_k x_k \quad (8-3)$$

式(8-3)将 Logistic 函数做了自然对数变换，即 logit 变换，也被称为 Logistic 模型的函数形式。决定流动人口 i 是否能在当地购房的潜在影响因素线性可加地取决于可观测因素 X_i^j 和不可观测因素 ε_i^j。此时，观测到的农业转移人口在当地购房的概率为：

$$\Pr(y_i^j = 1) = \Pr[(X_i^j \beta^j + \varepsilon_i^j) > 0] = F(X_i^j \beta^j) \qquad (8-4)$$

其中,y_i^j 为标识流动个体 i 是否当地购房的二元选择变量,已当地购房取值为 1,否则取值为 0。j 为代际标识,在后文中当个体 i 为老一代农业转移人口时 j 用字母 O 代替,当个体 i 为新生代农业转移人口时 j 用字母 N 代替。β^j 为可观测因素的系数。当可观测变量 X_i^j 中存在多个分类变量时,需将各分类变量转化为虚拟变量后再纳入模型。假定 ε_i^j 服从逻辑分布,式(8-4)为 Logit 模型。假如 $y_i^j = 1$ 的概率为 π_i^j,在此设定下,农业转移人口个体 i 当地购房发生与不发生比(Odds)为:

$$\Omega_i = \frac{\pi_i^j}{1-\pi_i^j} = e^{X_i^j \beta^j} \qquad (8-5)$$

2. 非线性模型的 Fairlie 差异分解法

差异分解法早期主要运用在劳动力经济学中,如国外学者们通常用它来识别劳动者中是否会因为一些外生性特征(例如性别、年龄、种族、国籍等)而在被雇佣概率或薪酬上遭受歧视性差别对待。其中,线性 Oaxaca-Blinder 分解法(Oaxaca 和 Blinder,1973、1994)被视作估计劳动力市场歧视程度的经典方法而被国内学者们广泛应用(邓曲恒,2007;章莉等,2014)。由于本书的研究对象购房意愿与购房行为均是二元离散变量,线性 Oaxaca-Blinder 分解法直接应用于非线性回归模型之中会产生偏误(Fairlie,1999)。Gomulka 和 Stern(1990)、Nielsen(1998)将 Blinder-Oaxaca 法拓展至受限因变量模型。Fairlie(2006)较全面地对 Oaxaca-Blinder 分解法如何应用于二元离散选择 Logistic 和 Probit 模型进行了系统研究。然而,我国基于非线性方程的差异分解法的应用基本局限于考察劳动力市场上的雇佣率和薪资水平(黄志岭,2012;王维国和周闯,2014;周闯、贺晓梦和许怡,2017)。在国内关于流动人口住房研究文献中,还几乎没有非线性差异分解法的相关应用,在国际上相关的研究中也并不多见。

运用 Fairlie(2006)非线性分解法构建反事实分布状态可对不同代际农业转移人口的实际购房发生比差异进行分解。以老一代农业转移人口

作为基准组,可将离散选择模型分解如下:

$$\bar{Y}^N - \bar{Y}^O = \left[\sum_{i=1}^{N^N} \frac{F(X_i^N \hat{\beta}^N)}{N^N} - \sum_{i=1}^{N^O} \frac{F(X_i^O \hat{\beta}^N)}{N^O}\right]$$

$$+ \left[\sum_{i=1}^{N^O} \frac{F(X_i^O \hat{\beta}^N)}{N^O} - \sum_{i=1}^{N^O} \frac{F(X_i^O \hat{\beta}^O)}{N^O}\right] \quad (8-6)$$

其中,$\bar{X}^j$ 为解释变量均值的行向量,$\hat{\beta}^j$ 为估计系数的行向量,$\bar{Y}^j$ 是租购二元选择的平均概率,F 为 Logistic 分布的累积函分布数。式(8-6)将总差异分解为右边两项:第一项方括号内的公式代表可观测因素 X 分布差异对组间租购选择差异的贡献度,称为可解释部分或禀赋效应;第二项方括号内的公式代表系数差异对租购选择组间差异的贡献,称为不可解释部分或系数效应。

与线性分解法 Blinde-Oaxaca 类似的是,非线性 Fairlie 差异分解法也同样存在着指数基准问题(Index Problem)。为了避免基准问题对实证结果的影响,Neumark(1988)、Oaxaca 和 Ransom(1994)均提出使用混合样本估计系数 $\hat{\beta}^P$ 进行差异分解:

$$\bar{Y}^N - \bar{Y}^O = \left[\sum_{i=1}^{N^N} \frac{F(X_i^N \hat{\beta}^P)}{N^N} - \sum_{i=1}^{N^O} \frac{F(X_i^O \hat{\beta}^P)}{N^O}\right]$$

$$+ \left[\sum_{i=1}^{N^N} \frac{F(X_i^N \hat{\beta}^N)}{N^N} - \sum_{i=1}^{N^N} \frac{F(X_i^N \hat{\beta}^P)}{N^N}\right]$$

$$+ \left[\sum_{i=1}^{N^O} \frac{F(X_i^O \hat{\beta}^P)}{N^O} - \sum_{i=1}^{N^O} \frac{F(X_i^O \hat{\beta}^O)}{N^O}\right] \quad (8-7)$$

式(8-7)中总差异被分解为三部分:右边第一项为特征效应;第二项和第三项均是由代际差异造成的系数效应。其中,第二项可视作新老代际因素对不同组群农业转移人口购房发生率差异的贡献度,第三项则可视为老一代农业转移人口在住房市场上受到的额外优待。

(二)数据来源与变量选择

课题使用的数据来源于国家卫生和计划委员会开展的"2016 年全国

流动人口动态监测调查"。该调查以 31 个省(区、市)和新疆生产建设兵团流动人口较为集中的流入地为样本抽取点,采取分层、多阶段、与规模成比例的 PPS 方法进行抽样。抽样总体为在流入地居住一个月以上,非本区(县、市)户口的 15—59 周岁的流入人口,调查的总样本量为 169 000 人。考虑到以往关于"80 后"新生代农业转移人口的实证研究较多,而随着时间的推移,"90 后"农业转移人口数量和占比日趋增多,因此在本书第八、九部分代际差异实证中,除非特别说明,新生代农业转移人口的重点实证研究对象为 1990 年及以后出生的农业户籍流动人口。本书在剔除"城—城"流动人口、各选取自变量上存在缺失值以及不明确的个案后,最终确定的有效样本量为 133 027 人。其中"90 后"新生代农业转移人口 32 647 人,老一代农业转移人口 100 380 人。

租购房离散模型的被解释变量——是否已在务工城市购房,是二元选择变量。是否已在当地购房是用以衡量流动人口真正参与当地住房交易市场的客观指标。解释变量包括三个方面:户主基本特征、家庭结构特征和流动特征。以往广泛运用于劳动力市场的 Mincer(1970)收入差异分解方程在解释变量中通常只包含个人特征。考虑到流动人口购房决策因素较之就业选择因素更为复杂,往往面临举家迁移和地缘亲缘等抉择困境,结合样本数据的丰富层次信息,在解释变量中将个人特质效应拓展为个人特征、家庭特征和流动特征三部分。流动特征包含流入地区域虚拟变量以控制潜在的地理固定效应(见表 8.1)。

表 8.1　　　　　　　　　　　变量分类与定义

变量类别	变量名称	变量含义与赋值
被解释变量	是否本地购房	是=1,否=0
解释变量 (1) 个人特征	性别	分类变量,女=0,男=1
	年龄	连续变量
	婚姻状况	分类变量,无婚姻状态=0,婚姻状态=1
	教育	分类变量,小学及以下=1,初中=2,高中=3,大专及以上=4
	是否有住房公积金	分类变量,无=0,有=1
	是否有养老保险	分类变量,无=0,有=1

续表

变量类别	变量名称	变量含义与赋值
解释变量（2）家庭特征	家庭月收入	连续变量
	亲生子女数	连续变量
	流入地家庭规模	连续变量
解释变量（3）流动特征	总共流动次数	连续变量
	外出累计时长	分类变量,不到 1 年＝1,1—4 年＝2,5—9 年＝3,10—19 年＝4,20 年以上＝5
	流动范围	分类变量,跨省流动＝1,省内跨市＝2,市内跨县＝3
	流入地所属区块	东部地区＝1,东北地区＝2,中部地区＝3,西部地区＝4①

（三）变量统计性描述——基于"新—老"农业转移人口的对比

此部分实证分析聚焦于对比代际因素对新、老农业转移人口租购房选择的影响和测算影响的贡献度,因此在统计性描述部分不仅给出全样本的描述,还依据年龄将农业转移人口分为新生代组和老一代组进行描述,并给出各变量的代际组间均值差（见表 8.2）。

表 8.2　　　　　　　　变量与组间均值差异统计描述

统计指标（单位）	全体 均值	全体 方差	"90后"新生代组 均值	"90后"新生代组 方差	老一代组 均值	老一代组 方差	代际均值差异
已在本地购房	0.24	0.43	0.18	0.38	0.27	0.44	－0.09
是否新生代	0.25	0.43	1	0	0	0	1
性别	0.52	0.50	0.41	0.49	0.56	0.50	－0.15
年龄（岁）	34.57	10.20	22.76	2.81	38.41	8.68	－15.65
受教育水平	2.26	0.85	2.63	0.82	2.14	0.82	0.49
养老保险	0.52	0.50	0.44	0.50	0.54	0.50	－0.10
住房公积金	0.07	0.25	0.08	0.28	0.06	0.24	0.02
家庭收入（元）	6 494.69	6 697.59	5 835.16	5 702.94	6 709.19	6 977.26	－874.02
婚姻	0.83	0.38	0.45	0.50	0.95	0.22	－0.50

---

①　东部地区包括北京、天津、河北、山东、江苏、上海、浙江、福建、广东和海南;中部地区包括山西、安徽、河南、湖北、湖南和江西;西部地区包括内蒙古、广西、陕西、甘肃、宁夏、青海、新疆、四川、重庆、云南、贵州和西藏;东北地区包括辽宁、吉林和黑龙江。

续表

统计指标（单位）	全体 均值	全体 方差	"90后"新生代组 均值	"90后"新生代组 方差	老一代组 均值	老一代组 方差	代际均值差异
亲生子女数量（人）	1.21	0.88	0.45	0.65	1.46	0.79	−1.02
外出务工经验（年）	2.77	1.04	2.24	0.86	2.94	1.03	−0.70
流动家庭规模（人）	2.64	1.19	2.30	1.28	2.76	1.13	−0.46
外出务工次数（次）	1.36	1.05	1.28	0.75	1.38	1.13	−0.11
外出务工范围	1.68	0.75	1.68	0.75	1.68	0.76	0
外出务工区域	2.45	1.32	2.42	1.33	2.46	1.32	−0.04
个体样本量	133 027人		32 647人		100 380人		/

通过表8.2中"新—老"农业转移人口组间均值差别比较可知：新生代农业转移人口购房比率较老一代农业转移人口低9个百分点。相较于老一代农业转移人口，新生代农业转移人口样本组整体呈现出受教育水平高、男性比例高、流入东部地区人数多等特征。受年龄因素影响，新生代农业转移人口在子女数量、流动家庭人口规模、外出务工次数、务工经验等方面明显少于老一代农业转移人口。

（四）农业转移人口租购选择模型实证分析：基于"新—老"农业转移人口的比较

本书在模型自变量选择中综合了个体特征、家庭特征、流动特征三方面属性的变量，尽可能避免由遗漏变量而造成的模型内生性问题。利用STATA15.0软件进行数据模拟，结果见表8.3。

表 8.3　　农业转移人口当地租购房意愿的 Logistic 模型回归

	变量	全样本	新生代样本	老一代样本
个人特征变量	新生代	0.943**	/	/
	性别	0.861***	0.922**	0.843***
	年龄	1.031***	1.030***	1.030***
	养老保险	0.937***	0.793***	0.978
	住房公积金	1.830***	1.738***	1.913***
	受教育水平（参照组＝小学及以下）			
	初中	1.229***	0.993	1.252***
	高中	1.812***	1.475***	1.828***
	大专及以上	3.238***	2.345***	3.581***
家庭特征变量	家庭收入	1.809***	2.117***	1.719***
	婚姻	2.282***	2.359***	3.351***
	亲生子女数量	0.783***	0.603***	0.818***
流动特征变量	流动家庭规模	1.341***	1.474***	1.280***
	流动次数	0.811***	0.769***	0.820***
	外出务工范围（参照组＝跨省流动）			
	省内跨市	1.743***	1.467***	1.818***
	市内跨县	2.361***	2.449***	2.345***
	外出务工区域（参照组＝东部地区）			
	东北部地区	3.922***	4.670***	3.798***
	中部地区	1.927***	2.198***	1.866***
	西部地区	1.918***	2.289***	1.834***
	个体样本量	133 027	32 647	100 380
	Log likelihood	−64 635.791	−12 693.311	−51 731.544
	Pseudo R^2	0.124 4	0.163 1	0.109 3

注：*** $p<0.01$；** $p<0.05$；* $p<0.1$。

模型中纳入不同类型因素，最后得到 95% 置信度下的三个回归模型。对回归方程进行多个解释变量的联合显著性 Wald 检验，所有解释变量在 1% 的水平上通过检验。三个模型 VIF 检验小于 5，不存在显著共线性，方程检验通过。上表中系数均为发生比，对农业转移人口租购房选择的回归结果进行如下解释：

1. 户主基本特征与租购房选择

在租购房选择的实证回归结果中,女性农业转移人口购房可能性更高。就全样本而言,男性农业转移人口的购房概率降至女性的86%。在新生代组样本中,男性农业转移人口的购房概率上升为女性的92%。这主要是受到传统观念影响,传统观念认为男性应承担购房的义务。新生代农业转移人口与农村和土地的联系淡化,更向往在城市中长期居住。尽管新生代农业转移人口在城市务工年限不长、工作经验不足、收入不高,但是新生代农业转移人口的父母可能已经有长期外出务工经历并完成一定的财富积累,老一代农业转移人口更倾向于返乡养老,而将家庭财富用于以子女的名义在务工城市购房,特别是在婚前给儿子在就业城市准备婚房,这在一定程度上可以解释为什么新生代农业转移人口组中男性的购房概率较老一代农业转移人口有明显的上升。在老一代农业转移人口组中,女性购房概率显著高于男性,老一代女性外来务工者可以通过与本地人结婚的方式获得在当地的住房产权,但是男性外来务工者基本上很少能通过婚姻的方式获得女性在务工城市的房产。

在全体样本中,随着教育水平的逐级提升,购房概率显著上升,大学及以上的高教育水平群体购房发生比是低教育水平群体的3.2倍。在新生代组中,大学及以上的高教育水平群体购房发生比是低教育水平群体的2.3倍。在老一代组中,大学及以上的高教育水平群体购房发生比是低教育水平群体的3.6倍。可见,教育水平对购房可能性有极强的正向效应,并且会随着时间的推移而更为显现。

2. 住房公积金制度与租购房选择

住房公积金制度会极大地提升农业转移人口的购房能力。在全样本中,有住房公积金保障群体的购房发生比是无住房公积金者的1.83倍。在新生代组群中,有住房公积金保障群体的购房发生比是无住房公积金者的1.73倍。在老一代组群中,有住房公积金保障群体的购房发生比是无住房公积金者的1.91倍。在外工作年限越久,住房公积金的累积效应可以有效提升农业转移人口在务工城市的购房发生比。

3. 家庭结构特征与租购房选择

婚姻状况不仅会改变人们对住房条件的需求,也会真实提升人们的购房可能性。在全样本中,已婚农业转移人口的购房发生比是未婚农业转移人口的2.28倍。在新生代组中,已婚农业转移人口的购房发生比是未婚农业转移人口的2.36倍。家庭收入的提升会显著增强人们在当地对住房的购买力,相较于全体样本和老一代样本组,在新生代农业转移人口组内收入对住房购买力的影响效用更强,家庭收入的上升会使得购房发生比上升2.12倍。子女的数量与购房可能性负相关,不可否认的是,子女数量的增加带来生活、教育等一系列育儿成本的增长,反而不利于农业转移人口家庭实现当地的购房计划。

4. 流动特征与租购房选择

流动家庭规模越大,流动频次越低的农业转移人口家庭越可能在务工城市购房。新生代农业转移人口的家庭规模对购房的影响效力更为显著,每增加一个流动家庭人数,购房可能性提升1.5倍。从流动范围角度分析,三个样本组中,市内跨县流动者的购房发生比均最高,跨省流动者的购房难度最大,购房发生比最低。

从流入地角度分析,在东北部地区工作生活的流动人口最有可能在当地购房,东部地区农业转移人口购房概率最低,租房概率最高。在全体样本和老一代样本中,中部地区的购房概率高于西部地区,但在新生代组中,中部地区的购房概率略低于西部地区。新生代组中,购房可能性与区块住房均价呈现出完全的负相关性,区块房价越高,购房可能性越低。但在全体样本组和老一代农业转移人口组中,中部地区的购房发生比高于西部地区。这可能是由于老一代农业转移人口未来预期外出务工并不是很长,相对而言,在经济较不发达的西部地区购房对他们而言吸引力不足,而更愿意将务工收入寄回老家购房和养老。

(五)租购房选择代际差异的Fairlie差异分解结果

表8.4中显示分别以新生代组、老一代组、混合样本组的估计系数作为权重值,使用1 000次自抽法(Bootstrap)对不同户籍身份流动人口组

群购房发生比差异的分解结果如表 8.4 所示：

表 8.4 "新—老"农业转移人口实际购房发生比差异的 Fairlie 分解结果

β估计系数 选用样本	A. 新生代组 （32 647 户）		B. 老一代组 （100 380 户）		C. 混合样本组 （133 027 户）	
	特征差异	贡献度	特征差异	贡献度	特征差异	贡献度
特征效应	0.055	60.7%	0.086	95.3%	0.079	88.7%
系数效应	0.035	39.3%	0.004	4.7%	0.011	11.3%
合计	0.09	100%	0.090	100%	0.090	100%

注：显著性水平是在正态分布的假定前提下给出的，此处仅作参考。

基于指数基准问题的考虑，本书重点分析以全样本系数作为权重的第 C 列分解结果。受年龄限制，新生代组比老一代组的实际购房发生比低 9%，由农业转移人口个体特征、家庭特征和流动特征差异可解释实际购房发生比的 88.7%。代际因素对新、老农业转移人口租购房选择差异的贡献度为 11.3%，代际因素加剧了新、老农业转移人口在务工城市购房发生比率的差异度。

第九章 农业转移人口租房负担代际差异的实证分析

租房居住是目前农业转移人口的主要住房消费模式,对比测算新生代和老一代农业转移人口的租房负担率的差异以及重要影响因素,对于精准化农业转移人口住房保障制度设计和提高保障房资金投入效率有着重要的实践意义。

(一)研究假设

生命周期理论认为,理性经济人会依据终生的预期收入来平滑安排各时点的消费支出与储蓄,位于生命周期前期的新生代农业转移人口收入回报具有更高的不确定性,预防性储蓄会挤占一部分消费支出,其中包括租房支出。年龄效应通过个体内生性禀赋特征渠道改变个体租房偏好行为。人口学认为同一世代出生的人有相似的群体特征,会经历类似的宏观制度变迁,包括公共住房政策、教育体制、医疗体制、公积金制度等。同一世代的人可视作同一个队列(Deaton,1985),不同出生队列人口的消费行为及偏好选择存在系统性差异(余玲铮,2015)。年龄效应和世代效应的共同交叠引起农业转移人口租房行为偏好产生影响,基于上述分析提出假设1。

假设1:农业转移人口的房租支付压力存在着显著的代际差异。

永久收入假说(The Permanent Income Hypothesis)认为,出生在同一时期的人消费和收入的不平等会随着年龄的增长而加剧(Eden,1980;

Deaton & Paxson,1994)。相较于老一代农业转移人口而言,新生代农业转移人口务工经验不足,在务工城市尚未建立稳固的社交关系网络,收入报酬低、职业稳定性差,代际差异引致的消费和收入不平等使其承受更大的租房压力。此外,在房租租赁市场中,新生代农业转移人口获取信息的渠道有限,与准房东之间的信息不对称程度加剧,成为城市房屋租赁市场中的劣势群体。结合罗尔斯(1991)现代正义公平理论中的公平三分法,代际歧视不仅仅是发生于租房选择决策过程中的机会不公平和结果不公平。与代际变量捆绑在一起的教育、公积金制度以及老一代农业转移人口在城市建立的乡缘关系网等因素,还会使得农业转移人口在参与租赁市场前面临着起点不公平。农业转移人口房租压力代际差异,一方面与自身禀赋相关,另一方面与进入租赁市场前及参与租赁交易过程中面临的区别对待相关,基于此提出假设 2。

假设 2:住房租赁市场中存在着对新生代农业转移人口的租金歧视。

(二)线性回归模型和 Oaxaca 差异分解法

此部分实证模型的构建包括线性回归模型和差异分解模型两部分内容:

1. 线性回归模型

用实证模型表述农业转移人口租金负担的表达式为:

$$Y = X\beta + \xi \tag{9-1}$$

X 向量包含一组影响农业转移人口租金负担的选择变量,包括个人因素(年龄、性别、教育程度等)、家庭因素(婚姻状况、有无子女等)、流动因素(流动频率、流入区域、流动距离老家的远近等)三大模块。β 为式(9-1)的待估系数,如果系数 β_j 为正(负),表示随着 X_j(向量 X 中的第 j 个变量)的增加,农业转移人口的房租负担率上升(下降)。

2. 线性模型的 Oaxaca 差异分解法

由 Oaxaca(1973)和 Blinder(1973)创设的 Oaxaca 差异分解法作为最经典的应用于线性回归方程的分解法,至今仍被广泛应用于研究群体间差异(主要指性别、种族、国籍之间的工资差异)。后来 Neumark

(1988)、Oaxaca 和 Ransom(1988,1994)、Bourguignon(2001)等人进一步拓展了 Oaxaca 差异分解法。线性分解法 Blinde-Oaxaca 由于计算次序不同可能导致不同的分解结果,这在文献中被称为指数基准问题或权重问题。为了避免基准问题对实证结果的影响,增强输出结果的稳健性,课题使用的是 Neumark(1988)、Oaxaca 和 Ransom(1994)提出的混合样本估计系数 $\hat{\beta}^P$ 进行差异分解:

$$\bar{Y}^N - \bar{Y}^O = \left[\sum_{i=1}^{N^N} \frac{X_i^N \hat{\beta}^P}{N^N} - \sum_{i=1}^{N^U} \frac{X_i^O \hat{\beta}^P}{N^O}\right]$$
$$+ \left[\sum_{i=1}^{N^N} \frac{X_i^N \hat{\beta}^N}{N^N} - \sum_{i=1}^{N^N} \frac{X_i^N \hat{\beta}^P}{N^N}\right]$$
$$+ \left[\sum_{i=1}^{N^O} \frac{X_i^O \hat{\beta}^P}{N^O} - \sum_{i=1}^{N^O} \frac{X_i^O \hat{\beta}^O}{N^O}\right] \quad (9-2)$$

式(9—2)中总差异被分解为三部分:右边第一项为特征效应;第二项和第三项均是由代际因素造成的系数效应。

(三)数据来源与变量解释

此部分数据来源于国家卫生和计划委员会开展的"2016 年全国流动人口动态监测调查"。在剔除"城—城"流动人口以及各选取自变量上存在缺失值或不明确的个案后,最终确定在当地租房居住的农业转移人口有效样本量为 102 567 人,其中"90 后"新生代农民工 27 089 人,老一代农民工 75 478 人。租房负担可以客观反映家庭在市场上租赁住房的负担能力,租房负担的测算方法可分为绝对值法和相对值法两类,由此可构造实证式(9—1)中的被解释变量:

1. 房租负担绝对值指标——剩余收入(RIA)

剩余收入法(Residual Income Affordability,RIA)由 Stone(1990,1993,2006)提出。该方法在扣除租房成本后,用家庭剩余收入来衡量家庭是否能够承担非住房类生活必需品的消费:

$$\text{RIA} = \text{家庭可支配收入} - \text{日常生活支出} - \text{房租} \quad (9-3)$$

当 RIA 为负时,说明家庭住房负担高,家庭的实际住房消费已经超过其能承担的最大限度,只有通过举债或在未来进一步压缩日常开支来维持生计。反之,当 RIA 为正时,RIA 越大说明家庭的住房负担越小,住房支付能力越强。

2. 房租相对负担率指标——租金收入比(RIR)

租金收入比法(RIR)是指同期住房租金与家庭收入之比,是衡量租房负担的相对性指标:

$$RIR = \frac{ARENT}{AINC} \qquad (9-4)$$

其中,RIR 表示租金收入比,ARENT 表示每月需要支付房租费用,AINC 表示家庭月可支配收入。租金收入比越小,说明住房支付压力越小,租金收入比越大,说明房租支付压力越大。

测算租金负担的两个被解释变量的统计描述如表 9.1 所示,实证模型中解释变量释义与前文第八章相同,此处不再赘述:

表 9.1 租金差异指标统计性描述

统计指标 (单位)	全体 均值	全体 标准差	新生代组 均值	新生代组 标准差	老一代组 均值	老一代组 标准差	代际均值差异
租金负担 (剩余收入法)	5 664 元	5 817	5 117 元	4 447	5 860 元	6 224	−743 元
租金负担率 (租金收入比法)	12.75%	0.109	12.82%	0.106	12.72%	0.109	0.1%

无论是剩余收入法还是租金收入比法,测算的住房负担值都显示新生代农民工的租房负担高于老一代农民工。从绝对值角度看,新生代农民工的住房负担比老一代高 743 元。从相对值角度看,新生代农民工的住房负担比老一代略高 0.1%。将相对值法和绝对值法相结合可以看出,新生代农民工的租房压力较老一代农民工更甚,特别是使用剩余收入法测算时,扣除租金后用于日常生活开支和家庭储蓄的资金量更少。而租金收入比法测算出老一代农民工和新生代农民工的租金负担率差异甚微,是因为新生代农民工收入低,因此只能通过降低租房标准,压缩租房

成本的方式来减轻自身的租房压力。

(三)农民工租金负担的实证分析:基于"新—老"农民工的比较

模型的自变量选择中涵盖了个体特征、家庭特征、流动特征三方面属性的变量,为此尽可能避免了由遗漏变量所造成的回归误差。

1. "新—老"农民工绝对租房负担实证结果分析

由于在租金负担变量的构造中包括了家庭收入因素,为了规避自变量与因变量互为因果关系所造成的模型内生性影响,此部分实证回归的解释变量中不再包含家庭收入变量。为克服各变量序列的异方差性,剩余收入指标经指数化后进入回归模型(见表9.2)。

表9.2　　农民工租房负担(剩余收入法)模型估计结果

变量	全样本	新生代样本	老一代样本
新生代	−0.089***	/	/
性别	0.025***	0.055***	0.011***
年龄	−0.005***	0.016***	−0.006***
养老保险	0.036***	0.042***	0.035***
住房公积金	0.061***	0.075***	0.051***
受教育水平(参照组=小学及以下)			
初中	0.075***	0.072***	0.075***
高中	0.128***	0.108***	0.127***
大专及以上	0.205***	0.133***	0.233***
婚姻	0.334***	0.255***	0.357***
亲生子女数量	−0.032***	−0.092***	−0.016***
流动家庭规模	0.092***	0.170***	0.061***
流动次数	0.037***	0.040***	0.035***
外出务工范围(参照组=跨省流动)			

续表

变量		全样本	新生代样本	老一代样本
	省内跨市	−0.109***	−0.108***	−0.103***
	市内跨县	−0.193***	−0.185***	−0.188***
外出务工区域（参照组＝东部地区）				
	东北部地区	−0.238***	−0.204***	−0.254***
	中部地区	−0.113***	−0.097***	−0.123***
	西部地区	−0.227***	−0.208***	−0.238***
常数		8.187***	7.480***	8.276***
个体样本量		102 567	27 089	75 478
R square		0.183	0.256	0.147
Root MSE		0.512	0.504	0.510

注：*** $p<0.01$；** $p<0.05$；* $p<0.1$。

对新、老农民工租房绝对负担值的回归结果可进行如下解释：

(1)户主基本特征与租金负担

在全样本回归中可以看出，新生代农民工的剩余收入较老一代农民工少，房租负担更重。无论是在全样本、新生代子样本中，还是在老一代子样本中，男性支付完房租和日常开支后的剩余收入都更多，女性外出务工者的房租负担更重。这一方面可能是由于女性外出务工者为了在租房时可能会有环境安全、交通便捷、居室独立性强、不接受合租等多方面要求，所以导致了租金成本高，租金负担重；另一方面可能是由于受传统观念影响，女性预期未来的购房压力较小，储蓄动机略显不足。其中，在新生代样本中，性别对剩余收入的回归系数为 0.055，在老一代样本中，性别的回归系数下降为 0.011，这说明新生代女性农民工的房租负担最高。

在新生代样本中，年龄越大房租压力越小，但在老一代样本中年龄与剩余收入负相关，年龄越大剩余收入越少，房租压力越大。对于普遍较年轻的新生代农民工而言，年龄的增长意味着资历的上升和剩余收入的增长。但因为农民工多从事与体力相关的工作，对于老一代农民工而言，年龄的增长反而意味着收入涨幅不足，以及子女数量增多导致日常开销增加，租房负担上升。

相对于新生代农民工，教育对剩余收入的正向效力在老一代农民工中更为显现。在老一代回归样本中，高等教育对剩余收入的回归系数为0.233。在新生代回归样本中，高等教育对剩余收入的回归系数降为0.133。相较于新一代农民工，受过高等教育的老一代外来务工人员的租金负担更轻，教育的高投入对剩余收入的回报具有更持久的影响力。

(2) 住房公积金制度与租金负担

住房公积金制度会减轻外来务工人员的租金负担。这一方面得益于在一些城市的住房公积金可以提取用于支付房租，另一方面为农民工缴纳住房公积金的单位本身也更可能提供稳定的收入和住房福利来减轻农民工的住房压力。

(3) 家庭结构特征与租金负担

已婚的农民工租房压力更轻，但子女数量的上升会增加家庭房租负担。已婚外来务工人员的家庭收入高，夫妻合住的规模效应可以减少每个人的房租负担额。流动家庭规模人口数量的增加同样有助于减轻租房压力，但子女数量的增加却会加剧农民工的租房压力，这一点在新生代农民工样本中体现得更为显著。

(4) 流动特征与租金负担

从流动范围角度分析，远距离跨省流动的农民工租房负担最小，近距离市内跨县流动的农民工租房负担反而更大。从流入地角度分析，在东部地区务工的农民工租房负担最小，紧随其后的分别是东北部地区和西部地区，中部地区的农民工租房负担最大。从区域角度来看，区域经济发达程度与租房压力呈反比例关系，经济发达地区农民工的剩余收入较多，租房压力相对较小。

综上，新生代、女性、未婚、受教育程度低、家庭流动规模小、近距离流动、在经济较不发达地区务工的农民工房租负担绝对值较高，租房压力大。

2. "新—老"农民工相对租房负担对比分析

表 9.3　　农民工租房负担率(租金收入比法)模型估计结果

变量	全样本	新生代样本	老一代样本
新生代	−0.006***	/	/
年龄	0.001***	0.002***	0.001***
性别	−0.006***	−0.007***	−0.006***
养老保险	−0.002***	−0.003**	−0.002***
住房公积金	−0.006***	−0.002	−0.009***
受教育水平（参照组＝小学及以下）			
初中	0.010***	0.006*	0.010***
高中	0.027***	0.021***	0.028***
大专及以上	0.049***	0.041***	0.048***
婚姻	−0.002	0.001	−0.009***
亲生子女数量	−0.009***	−0.007	−0.010***
流动家庭规模	0.006***	0.000	0.008***
流动次数	−0.007***	−0.010***	−0.006***
外出务工范围（参照组＝跨省流动）			
省内跨市	0.005***	0.006***	0.004***
市内跨县	−0.002**	−0.002	−0.003**
外出务工区域（参照组＝东部地区）			
东北部地区	0.025***	0.036***	0.021***
中部地区	0.023***	0.025***	0.023***
西部地区	0.025***	0.025***	0.025***
常数	0.090***	0.070***	0.090***
个体样本量	102 567	27 089	75 478
R square	0.043	0.052	0.043
Root MSE	0.106	0.103	0.107

注：*** $p<0.01$；** $p<0.05$；* $p<0.1$。

对新、老农民工租房负担率的回归结果可进行如下解释：

(1)户主基本特征与租金负担率

在全样本回归中可以看出，新生代农民工的租金收入比较老一代农民工更低，房租负担率更低，结合剩余收入法的回归结论，可以看出新生代运用相对值法回归的房租负担率低，但是运用绝对值法回归的房租负担值高。无论是全样本、新生代子样本、老一代子样本中，女性外出务工者的房租负担率更重。其中，在新生代样本中，性别对剩余收入的回归系数为－0.007，在老一代样本中，性别的回归系数下降为－0.006，这说明在新生代农民工中的房租差异度更高，新生代女性的房租负担率高。

受教育水平越高，房租的相对负担率反而越大。在老一代回归样本中，高等教育对租金收入比的回归系数为0.048。在新生代回归样本中，高等教育对租金收入比的回归系为0.041。教育层次的上升，尽管会带来绝对剩余收入的增加，但也会提高人们对租房的品质、环境、地段等方面的要求，从而增加租房开支和房租负担率。

(2)住房公积金制度与租金负担率

住房公积金制度会减轻老一代外来务工人员的租金负担率，但是对新生代农民工的影响并不显著，这主要是由于新生代农民工即便享有住房公积金保障资源，但由于缴纳年限较短，住房公积金的累积保障效力并未能够充分发挥。

(3)家庭结构特征与租金负担率

已婚状态和子女数量可以减轻对老一代农民工的租金负担率，但是对新生代农民工的影响效力并不显著。与租房负担绝对值的回归结论不同，老一代农民工子女数量的增加反而有助于降低租房的负担率，这主要是由于老一代农民工的子女很多已成年，可以作为家庭的劳动力贡献家庭收入，分担家庭租房的压力。

(4)流动特征与租金负担率

从流动频次角度分析，外出务工频繁者的租房压力更小。这可能有两方面原因：其一，外出务工频繁者的就业地和职业稳定性较差，因此并不会在每次租房时投入过高的成本;其二,外出务工频繁者的从业经验较为丰富,收入相对较高,因此租金收入比负担不会过高。

从区域角度分析,在东部地区务工的农民工租房负担率最低,东北部地区新生代农民工的租房负担率最高。对老一代农民工而言,东部地区的租金负担率相对较低,而东北部、中部和西部地区租金负担率的区域异质性不大。

综上,老一代、受教育年限长、未婚、受教育程度低、家庭流动规模小、近距离流动、在经济较不发达地区务工的农民工房租负担绝对值较高,租房压力大。

(四)"新—老"农民工房租负担的 Oaxaca 组间差异分解结果

表 9.4 中显示的是使用 1 000 次自抽法(Bootstrap)对不同代际农民工组群间租房负担差异的分解结果。

表 9.4　　"新—老"农民工租房负担差异的 Oaxaca 分解结果

	绝对租房负担率		相对租房负担率	
新生代组	8.327 (0.002)		0.128 (0.000)	
老一代组	8.496 (0.003)		0.127 (0.001)	
	差异值	贡献度	差异值	贡献度
组间差异	0.168*** (0.004)	100%	−0.001 (0.001)	100%
可解释部分	0.117*** (0.005)	69.2%	/	/
不可解释部分	0.052*** (0.006)	30.8%	/	/

需要指出的是,表 9.4 中相对租房负担率的代际差异为 0.1%,没有通过代际间差异水平的显著性检验,因此不需进行进一步的差异分解。此处仅对绝对租房负担水平进行有效的差异分解。表 9.1 中指出新生代农民工的平均剩余收入为 5 117 元,老一代农民工的平均剩余收入为

5 860元,新生代农民工的租房负担比老一代农民工高出743元。在可解释的特征效应部分,教育水平、公积金、流动经验、流动地区等因素可解释代际房租负担差异的69%。而剩下31%的不可解释部分可归为代际歧视。新生代外来务工人员由于缺乏务工经验,收入低、职业稳定性差,在务工城市尚未建立稳固的社交关系网络,获取信息的渠道有限,因而在租房市场上面临着更大的租金负担。相对于老一代农民工而言,新生代农民工是租房市场上的劣势群体和更亟须获得住房保障资源的群体。

第十章 农业转移人口购房负担代际差异的实证分析

流入城市购房居住的农业转移人口市民化程度更高,为了推进农业转移人口市民化进程,目前农业转移人口可以通过自愿退出农村土地和宅基地来获得3万~5万元在务工城市的购房补偿。而我国一些三四线城市房产在去库存压力严重时,也曾出现专门针对农业转移人口购房补贴和首付款下浮的政策。那么,在务工城市购房居住的农业转移人口其住房负担有多重?导致新、老农业转移人口月供压力增加的因素是否不同?新生代和老一代农业转移人口的房贷压力是否存在明显的代际差异?这些都是此部分实证亟须解决的问题。

(一)数据来源、模型与变量选择

此部分数据来源于"2016年全国流动人口动态监测调查"。在剔除"城—城"流动人口以及各选取自变量上存在缺失值或不明确的个案后,最终确定在务工地购房居住的农业转移人口有效样本量为30 468人,其中"90后"新生代农业转移人口5 562人,老一代农业转移人口24 906人。购房负担可以客观反映农业转移人口家庭在流入地购房居住的住房支付能力,此部分回归模型和差异分解模型只在被解释变量部分与前文第七部分的实证模型不同,所以此处重点阐释关于购房消费负担的绝对指标和相对指标的构造:

1. 购房负担绝对值指标——剩余收入法(RIA)

剩余收入法（Residual Income Affordability，RIA）是购房家庭在扣除还贷成本后，用家庭剩余收入来衡量家庭是否能够承担非住房类生活必需品的消费：

$$RIA＝家庭可支配收入－日常生活支出－房贷 \quad (10-1)$$

当 RIA 为负时，说明家庭住房负担极高，家庭的实际住房消费已经超过其能承担的最大限度，只有通过举债或在未来进一步压缩日常开支来维持生计。若遇到不可预测的家庭大项支出，发生违约或将房产变现的概率较高。反之，当 RIA 为正时，RIA 越大说明家庭的住房负担越小，住房支付能力越强。

2. 购房负担相对值指标——月供收入比法（MIR）

购房负担率反映了家庭从市场购买住房的负担能力。月供收入比（MIR）是指每月支出的住房贷款本息和与家庭月收入之比。MIR 越小（大），说明住房还款压力越小（大）。

$$MIR＝\frac{AM}{AINC} \quad (10-2)$$

其中，MIR 表示月供收入比，AM 表示每月需要支付的住房抵押贷款本息总和，AINC 表示家庭月可支配收入。测算购房负担的两个被解释变量的统计描述如表10.1所示，实证模型中解释变量释义与前文第六部分相同，此处不再赘述。

表10.1　　　　　　　　　房贷负担统计性描述

统计指标	全体 均值	全体 标准差	新生代组 均值	新生代组 标准差	老一代组 均值	老一代组 标准差	代际均值差异
房贷负担（剩余收入法）	6 446元	8 188	6 305元	8 780	6 461元	8 049	－156元
房贷负担率（月供收入比法）	9.6%	0.151	9.3%	0.159	9.8%	0.157	－0.5%

从绝对值角度看，新生代农业转移人口的住房负担比老一代高156元。从相对值角度看，新生代农业转移人口的住房负担比老一代略低0.5%。运用剩余收入比法测算时，新生代农业转移人口的房贷负担比老

一代农业转移人口略高,但使用月供收入比法测算时,新生代农业转移人口的房贷负担更低。两者之间产生差异的原因是由于运用剩余收入法计算时考虑了日常生活开支,新生代农业转移人口的收入普遍较低且日常开支较大,尽管相对房贷负担率低,但剩余收入少。

(二)购房负担代际差异的实证分析

1. 农业转移人口绝对购房负担的代际差异

为克服变量序列间的异方差性,购房者剩余收入指标经指数化后进入回归模型(见表10.2)。

表10.2　　农业转移人口绝对购房负担模型估计结果

变量		全样本	新生代样本	老一代样本
新生代		−0.114***	/	/
性别		0.001	0.036**	−0.007
年龄		−0.004***	0.011***	−0.005***
养老保险		0.038***	0.038**	0.037***
住房公积金		0.024**	0.004	0.027**
受教育水平 (参照组=小学及以下)				
	初中	0.189***	0.295***	0.179***
	高中	0.286***	0.378***	0.278***
	大专及以上	0.388***	0.483***	0.376***
婚姻		0.159***	0.063	0.299***
亲生子女数量		−0.049***	−0.011	−0.053***
流动家庭规模		0.086***	0.095***	0.082***
流动次数		0.044***	0.025*	0.046***
外出务工范围 (参照组=跨省流动)				
	省内跨市	−0.100***	−0.096***	−0.100***
	市内跨县	−0.154***	−0.157***	−0.152***

续表

变量	全样本	新生代样本	老一代样本
外出务工区域（参照组＝东部地区）			
东北部地区	−0.293***	−0.231***	−0.306***
中部地区	−0.195***	−0.199***	−0.195***
西部地区	−0.351***	−0.351***	−0.350***
常数	8.406***	7.869***	8.308***
个体样本量	30 468	5 562	24 906
R square	0.155	0.121	0.165
Root MSE	0.584	0.589	0.583

注：*** $p<0.01$；** $p<0.05$；* $p<0.1$。

针对户主特征、家庭特征和流动特征对上述实证估计结果进行如下分析：

(1) 户主基本特征与购房负担

在全样本回归中可以看出，新生代农业转移人口的剩余收入较老一代农业转移人口少，房租负担更重。在新生代子样本中，男性支付完月供和日常开支后的剩余收入更多，女性外出务工者的购房负担更重，但是这一结论在全体样本和老一代农业转移人口样本中并不成立。

在新生代样本中，年龄越大还贷压力越小，但在老一代样本中年龄与剩余收入负相关，年龄越大剩余收入越少，购房负担越大。对于新生代农业转移人口而言，年龄越大意味着工作经验的日益丰富和收入的上涨，但对于多从事蓝领工作的老一代农业转移人口而言，年龄的上升反而成为劣势因素，再加上子女和需要赡养老人的数量上升使得家庭日常开销加剧，导致老一代农业转移人口年龄越大剩余收入越少，还贷压力越大。

教育投入对剩余收入的提升效力显著。在老一代回归样本中，高等教育对剩余收入的回归系数为 0.376。在新生代回归样本中，高等教育对剩余收入的回归系数降为 0.483。相较于新一代农业转移人口，受过高等教育的老一代外来务工人员的购房负担更轻,教育对收入的回报随着农业转移人口年龄的增长日益显现。

(2)住房公积金制度与购房负担

住房公积金制度会有效减轻老一代农业转移人口的购房负担,但对新生代农业转移人口的保障效力并不显著。这主要是由于住房公积金具有累积效应,工作年限越久住房公积金的规模越大。对于普遍工作年限较短的新生代农业转移人口而言,住房公积金制度的保障效力还未完全发挥。

(3)家庭结构特征与购房负担

已婚的农业转移人口购房压力更轻。在老一代农业转移人口样本中,婚姻对剩余收入对数值的回归系数为 0.299,在新生代农业转移人口样本中,婚姻对剩余收入对数值的回归系数为 0.063。子女数量的上升会显著增加老一代农业转移人口家庭的月供负担,但对新生代农业转移人口家庭的影响效力并不显著。无论是在全样本、新生代样本还是老一代样本中,流动家庭规模人口数量的增加都会有助于减轻购房压力。

(4)流动特征与购房负担

尽管前文实证结果已表明远距离流动者和在经济发达地区务工者购房难度上升,但在已经选择购房者中,远距离跨省流动的农业转移人口剩余收入多,购房压力更小。相对于西部、中部和东北部地区,在经济最发达的东部地区的农业转移人口剩余收入也更多。

综上,新生代未婚女性农业转移人口、大龄多子女的老一代农业转移人口在购房后的月供压力更大。受教育程度低、家庭流动规模小、在经济较不发达地区务工的农业转移人口购房后月供压力大。

2. 农业转移人口相对购房负担的代际差异

表 10.3 农业转移人口相对购房负担率回归

变量	全样本	新生代样本	老一代样本
新生代	−0.028***	/	/
性别	0.005**	0.006	0.005**
年龄	−0.001***	0.003***	−0.001***
养老保险	0.004**	0.007	0.002
住房公积金	−0.023***	−0.021***	−0.027***
受教育水平（参照组=小学及以下）			
初中	0.016***	0.022***	0.016***
高中	0.034***	0.049***	0.031***
大专及以上	0.054***	0.056***	0.054***
婚姻	0.045***	0.044***	0.004
亲生子女数量	−0.013***	−0.019***	−0.014***
流动家庭规模	0.005***	0.000	0.008***
流动次数	0.004***	0.005	0.004***
外出务工范围（参照组=跨省流动）			
省内跨市	0.005***	0.000	0.006***
市内跨县	0.006***	0.001	0.007***
外出务工区域（参照组=东部地区）			
东北部地区	−0.035***	−0.016**	−0.040***
中部地区	−0.006**	0.000	−0.007**
西部地区	−0.018***	−0.015***	−0.018***
常数	0.081***	−0.041**	0.119***
个体样本量	30 468	5 562	24 906
R square	0.054	0.053	0.058
Root MSE	0.147	0.147	0.146

注：*** $p<0.01$；** $p<0.05$；* $p<0.1$。

参考表 10.3,针对户主特征、家庭特征和流动特征对上述实证估计结果进行如下分析:

(1)户主基本特征与购房负担率

与剩余收入法的回归结论不同,在全样本回归中可以看出,新生代农业转移人口的月供收入比老一代农业转移人口更低,购房负担率更低。在老一代子样本中,男性外出务工者的购房负担率更高。

受教育水平越高,月供收入比负担率反而越大。在老一代回归样本中,高等教育对月供收入比的回归系数为 0.054。在新生代回归样本中,高等教育对租金收入比的回归系数为 0.056。受过高等教育的农业转移人口普遍收入高,对住房的总价和月供的承受度高,每月支付完较高的房贷后的剩余收入依然足够应付家庭的日常开销。

(2)住房公积金制度与购房负担率

无论是在全样本、新生代样本还是老一代样本中,住房公积金制度可有效降低农业转移人口的相对购房负担率。在新生代样本中,住房公积金制度对购房负担率的回归系数为-0.21,在老一代样本中,住房公积金制度对购房负担率的回归系数为-0.27,住房公积金制度对减轻老一代农业转移人口的购房压力效果更为显著。

(3)家庭结构特征与购房负担率

已婚状态会提升新生代农业转移人口的月供收入比,但在老一代农业转移人口组中,婚姻状态对月供收入比的影响效力并不显著。子女数量的增加反而会促使月供收入比的下降,在新生代组中,每增加一个子女,月供收入比下降 1.9%。在老一代组中,每增加一个子女,月供收入比下降 1.4%。这可能是由于子女数量的增加必然会引起家庭教育和日常开销的增多,从而在家庭进行购房决策时不会安排过多的月供,以免资不抵债导致违约影响信用。

(4)流动特征与购房负担率

总体而言,流动特征变量在全体样本和老一代农业转移人口样本中影响力较为显著。对于老一代农业转移人口而言,跨省流动者的月供收入比最低,其次是省内跨市的,近距离市内跨县的月供收入比最高。老一代农业转移人口与老家的感情更为深厚,如果在距离老家很远的务工地购房,未来在此处养老的可能性较低,因此会选择总价低及月供收入比低的住房。如果务工地离老家距离近,则更可能在务工地购房并在未来养老定居,因此会愿意承担更大的购房压力来购置品质、面积和地段更为理想的住房。就流入区域而言,在东部地区务工的老一代农业转移人口月供收入比更高,随后中部、西部、东北部地区老一代农业转移人口的月供收入比依次降低。老一代农业转移人口的月供收入比与片区房价呈现明显正相关关系,住房单价高的区域,房贷压力更大。但是,流动特征变量在新生代农业转移人口组群中并没有显著的影响力。

综上,已婚、受教育程度高、无住房公积金的新生代农业转移人口月供收入比高,供房压力大。男性、受教育程度高、无住房公积金、在东部地区市内跨县流动的老一代农业转移人口月供收入比高,还贷压力更重。

(三)农业转移人口购房负担的 Oaxaca 组间差异分解结果

表 10.4 中显示分别以新生代组、老一代组的估计系数作为权重值,使用 1 000 次自抽法(Bootstrap)对不同代际农业转移人口组群购房负担差异的分解结果。

表 10.4　农业转移人口购房负担代际差异的 Oaxaca 分解结果

	绝对购房负担		相对购房负担	
新生代组	8.532 (0.008)		0.091 (0.002)	
老一代组	8.556 (0.004)		0.097 (0.001)	
	差异值	贡献度	差异值	贡献度
组间差异	0.024** (0.009)	100%	−0.006** (0.002)	100%
可解释部分	0.013* (0.020)	54.2%	−0.004*** (0.008)	69.2%

续表

	绝对购房负担		相对购房负担	
不可解释部分	0.011* (0.021)	45.8%	−0.002*** (0.008)	30.8%

用剩余收入法度量的"新—老"农业转移人口购房负担差异中,教育水平、公积金、流动经验、流动地区等因素对购房负担差异的解释度为54.2%,而剩下45.8%的不可解释的系数效应可归为代际差异。在月供收入比法度量的"新—老"农业转移人口购房负担率差异中,教育水平、公积金、流动经验、流动地区等因素对购房负担差异的解释度为69.2%,而剩下30.8%的不可解释的系数效应可归为代际差异。新生代农业转移人口扣除房贷和日常生活基本开支后的剩余收入较老一代农业转移人口更少,但是结合相对购房负担率指标可以看出,剩余收入少并不是由于月供压力大所致。相对于老一代农业转移人口而言,新生代农业转移人口在城市生活中一方面不愿意背负更重的房贷而降低生活品质,另一方面新生代农业转移人口未来工作地点和工作性质的不确定因素更多,为了对抗风险有较强的储蓄动机,相对于老一代农业转移人口而言,他们会将偿还房贷的年限拉长以此来摊薄每月的房贷收入比。

第十一章　农业转移人口住房保障制度构建

在流动人口规模持续处于高位,农业转移人口内部代际转换加速的态势下,前文在分析农业转移人口规模结构特征及住房需求特征的基础上,厘清各不同规模城市对农业转移人口开展的住房保障措施,并对比借鉴外国对城市移民的住房保障经验与教训,量化测算农业转移人口在租购房选择、租房负担、购房负担方面的差异。前文的分析结果为优化农业转移人口在城市中的住房条件,构建促进住房市场城乡统筹发展的住房保障体系提供了直接的政策思路。

(一)农业转移人口住房保障制度设计总则

虽然从 2008 年起我国就已经将《住房保障法》列入立法规划,2012 年为尽快遏制保障房申请事前事后的违法违规行为,《住房保障法》降格为《住房保障条例》,然而截至目前还未正式出台。条例属于部门规章,其实施范围及效力与法律存在较大的差距。对比英美等发达国家已形成的成熟的法律保障体系,我国在住房保障立法方面的不足导致了各地的住房保障措施较为分散,住房保障市场发展十分不规范,如骗租骗购经济适用房、以不正当目的违规使用保障房以及在保障房申请中大量的舞弊行为等,造成住房供应与住房需求的不匹配。

农业转移人口住房保障制度设计的实质是为弥补市场失灵而实行的政府对市场干预,设计总则依据科斯定理,以交易成本最小化作为制度设计的约束条件,厘清政府和市场、社会的关系,特别是厘清政府与社会、市场与社会的边界和相互作用。在前文的分析中,无论是从农业转移人口在城市中的住房意愿还是住房现状来看,契合农业转移人口住房需求和住房支付能力特质的保障性住房产品的提供,既是考察均等公共服务资源的重要指标,也是衡量社会融合程度的重要标志。

1. 农业转移人口住房补贴制度设计原则

课题组认为应采取以租赁为主,以"租、售、补"三种方式相结合的办法对农业转移人口住房保障补贴方式进行组织和优化。制度设计原则为:分层分类、逐步拓宽、公平优先、兼顾效率。其中,公平性原则包含身份平等和机会均等两方面内涵。身份平等是指中低收入市民和农业转移人口都有平等享受住房公共资源和服务的权利。机会均等是指中低收入市民和农业转移人口在获取住房保障公共产品时具有均等的机会。农业转移人口住房保障的总收益和成本函数分别为:$R = R_1$(经济收益)$+ R_2$(制度收益)$+ R_3$(社会收益),$C = C_1$(交易成本)$+ C_2$(制度成本)$+ C_3$(违约成本)$+ C_4$(机会成本)。应在新生代农业转移人口住房政策实施过程中贯穿"收益—成本"核算的经济思想,使得法律关系当事人之间达到资源的最优配置,在兼顾效率的同时节约交易成本。

2. 农业转移人口住房保障强度设计原则

住房保障体系按照保障覆盖范围和保障力度可划分为:高强度全保障、中强度部分保障、低强度少部分保障。鉴于我国住房保障资源紧缺,目前针对不同群体提供不同层级住房保障的制度的组合还未实现无缝衔接,住房保障体系建设还存在"夹心层"和"真空层",住房保障政策也还存在不连续性和持续性,这些问题的存在扭曲了住房保障的公平与效率。课题组认为我国目前的住房保障体系建设是属于中低强度阶段,在现有住房保障体系中补足对新生代农业转移人口专属的住房保障制度,有益于整个住房保障系统的模块重构、优化和统一。

3. 贯彻城乡住房资源有效衔接原则

农业转移人口在城市中的住房资源紧缺与农村住房资源闲置形成住房资源错配。当农业转移人口的主要工作和定居地点转变为城市后,承包地流转和宅基地的处置退出等问题,就成为农业转移人口市民化和城镇化过程中的重大家庭决策。

土地承包权利和受到保护的宅基地用益物权是农民基本的财产权利,不能强制要求长期在城市务工的农业转移人口以土地换市民身份。课题组认为应赋予农业转移人口对承包土地、宅基地、农房和集体资产股权更大的处置权。通过对农村家庭土地的确权、登记、颁证(包括土地承包经营权证书和宅基地使用权证书),建立全国统一的农地登记和流转体系,允许农业转移人口在平等、有偿、自愿的原则下流转土地承包经营权,同时做好承包地和宅基地退出机制与城市住房保障的进入机制之间的有效衔接工作,对完全退出承包地和宅基地举家迁移城市定居的农业转移人口家庭,在申请保障房时给予适度政策倾斜。

(二)农业转移人口住房保障准入与退出的机制构建

合理的准入退出标准是确保保障性住房稀缺性资源配置效益最大化的前提条件。改善以分层分类、逐步拓宽的原则制定农业转移人口保障房准入标准和流程(含申请、审核、公示和门槛式轮候程序)、退出标准及流通锁定期的具体规则,制定与不同等级保障房、农业转移人口收入相匹配的动态准入退出标准,建立等待制度,进行常态受理,依据农业转移人口住房需求特征来进行建设,避免保障"过度"及保障"不足"现象的产生。

当前绝大部分地区已经实现了住房保障准入体系的分层,住房保障的重要准入标准——户籍、收入、资产的设置均具有"悬崖效应",使得纳入保障房体系的人群享受到的年政策补贴少则几千、多则数十万,而很多教育水平、工作年限、社保缴纳、职称等要求接近于住房保障准入门槛,又恰好被隔离于保障体系之外的农业转移人口群体的住房问题则相形之下显得更为局促和亟待解决。

许多城市在具体保障房制度设计和实施过程中并没有将"农业转移人口"与"城—城"流动的外来务工人员相互区别,更是无法顾及在新生代农业转移人口与老一代农业转移人口在城市中的住房需求特征差异。新生代农业转移人口普遍受教育程度优于老一代农业转移人口,返乡观念薄弱,极度渴望融入城市生活,在城市中未来的工作年限和工作潜力普遍高于老一代农业转移人口。但在目前向农业转移人口开放的公租房项目或共有产权房项目设置的申请门槛要求的工作年限、城镇社保缴纳年限、职称水平等等,都恰恰是新生代农业转移人口与老一代农业转移人口以及"城—城"流动外来务工人员相比最为劣势的部分。在保障房资源稀缺的背景下无疑产生了对新生代农业转移人口的"挤出效应",造成了保障房资源对农业转移人口的覆盖率低、轮候等待时间过长等现象。建立针对农业转移人口的准入和退出机制可以全面提升住房保障政策投放的精准化、不同人群保障度的适宜性、保障资金的使用效率以及保障项目的循环可持续性。

经济适用房(共有产权房)是一种住房的产权式保障,着重保障人们的住房拥有权,这种保障性住房产品的提供对政府财政资源投入依赖性强,主要申请对象是本市户籍人口中的中低收入者。目前许多城市的社会公共政策福利还与户籍挂钩,以保障房为例,目前上海市共有产权房申请表面上已经刚刚放开对户籍的限制,但是有积分标准要求,积分的累积多与学历、职称、获奖等因素密切相关,这间接抬高了农业转移人口的申请标准。农业转移人口住房保障制度的创新不能完全依赖于户籍制度的改革,而是可以不断尝试制度规定与户籍脱钩,以均等化享受住房保障资源为制度的创新重点。为满足农业转移人口多元化的住房需求,可扩大共有产权房的保障范围,降低对申请者教育、职称、社保缴纳年限等的要求,转而重点考察收入、资产、房产三项标准。各城市的共有产权房的申请向农业转移人口放开,可以切实为外来务工人员融入城市生活提供心理预期和住房权益保障,推动新型城镇化进程。

公共租赁房和廉租房都是一种住房租赁权的保障。廉租房的保障优势在于租金非常低廉,但是覆盖面较小,申请门槛较高,通常有本市户籍和极低收入的双重准入标准,是一种为极低收入农业转移人口群体提供的"托底性"住房保障。相对而言,公共租赁房的准入门槛更低,户籍标准和收入标准均有所放宽,通常不对户籍身份进行要求,收入标准也提升至中低收入群体，住房保障覆盖面宽，在供应渠道上充分调动了社会资源在住房保障中的作用，减轻了地方政府的财政负担。公共租赁房这种保障房供应类型是属于新生代农业转移人口有机会与市民均等化享有的住房保障资源，但是许多地方的公共租赁房由于配置较高，租金相对于市场价并无极大的优势，建造地点分散等原因，在实践中并没有真正成为农业转移人口解决城市居住问题的主要手段。此外，由于保障政策普及的缺失，"新生代"农业转移人口进城务工时间较短，许多在城市中并没有建立起稳定的社会关系网络，与政府管理部门之间存在严重的信息不对称，导致许多新生代农业转移人口错失申请机会。针对此问题，应促进公租房房源信息透明化，提高房源信息的公开可获得性，方便"新生代"农业转移人口根据自身的居住偏好选择到地点满意、租金合适、价格负担得起的公租房。除在官方网站及时发布与更新公租房信息外，还应积极将保障房信息与用工企业、街道居委会、外来人口密集的社区、微信公众号、地铁站宣传栏等社会媒介对接，并举行保障房申请辅导讲座，建立保障房信息的公开反馈机制，为保障房参与主体搭建多方互动交流平台。表 11.1 为新生代与老一代农业转移人口差异化住房供应标准。

表 11.1   "新生代"和"老一代"农业转移人口差异化住房供应标准

住房类型	重点供应对象
新商品房、二手商品房	(1)受教育程度高、专业技能强、父辈有一定的资金积累，强烈渴望城市生活的新一代农业转移人口个人或家庭； (2)进城时间长、收入高、资产量大、适应能力强、在当地或已有房产的老一代农业转移人口个人或家庭
普通出租屋	(1)居住地点分散、流动频繁、对居住有强烈差异化要求的个人或有随迁家人同住的新生代农业转移人口家庭； (2)工作地点不固定、有随迁家人同住的老一代农业转移人口家庭
集体宿舍	(1)长期、低价、循环出租给在企业或园区工作的新生代农业转移人口； (2)对专业技能强、工作业绩突出的新生代农业转移人口、工作年限长的老一代农业转移人口匹配"租转购"优惠政策

续表

住房类型	重点供应对象
开放型公共租赁房	(1)在当地缴纳一定月份社保、中低收入、当地无产权房的新生代农业转移人口个人和家庭；(2)依据当地经济需求，设置紧缺型工作岗位，对于签订长期用工合同的新生代农业转移人口予以优先考虑
共有产权房、限价房	当地无产权或产权房面积极小、缴纳一定期限社保、有居住证或当地户籍、中高收入农业转移人口家庭
廉租房	为弱化城乡户籍差异，打破多地廉租房只对户籍人口开放的限制门槛，实现廉租房与公租房的并轨运行，统筹发展

保障房退出机制的立法缺失使得在廉租房和公共租赁房等保障房产品的投入使用后，受保障者的实际收入超越一定水平，已经不具备续租、续住保障房条件者仍态度强硬不退房，侵占住房保障资源。并且，我国个人信息收集渠道来源零散，尚缺乏各部门联网建立健全的个人信息平台，使得多地保障房出现福利固定化现象。此外，对各种骗租、转租及非法侵占公租房等违规行为违规成本低，监管与惩罚力度不够。完善农业转移人口住房保障资源的退出机制可以促进住房保障资源的内生化良性循环，提高住房保障机制运行效率。具体包括以下几个方面：

1. 划定合理的梯度退出标准，兼顾不同层次住房保障方式的衔接。随着家庭收入的增加，退出廉租房实物补贴的家庭可给予货币补贴的方式进行调整，此举有利于激励个人自愿退出廉租房。

2. 定期回访与审核，接受社会公众监督并接受处理反馈意见。主管部门要定期对保障性住房住户的收入、资产、住房面积情况进行核查，并向社会公布申请者名单，接收当地社会成员的监督与反馈。

3. 建立自愿和强制相结合的退出机制。被保障家庭可以随时在个人自愿的基础上退出保障性住房，对于保障性住房住户严重违反法定或约定义务的，或经审核超出保障标准的，由住房保障主管部门收回或者回购，多次催收不予以配合的，可以交由各级人民法院行使强制执行权，强制其退出保障房，并列入失信名单，不得再次申请保障房。

4.保有异议程序。对于申请人资格的调整与强制退出必须遵循程序规范,包括在做出不利决定时应详细依据法条规章说明理由,保留当事人对主管部门调整或者终止住房保障决定的异议程序。

(三)农业转移人口住房保障补贴制度构建

农业转移人口住房保障补贴方式选择是制度构建的核心问题之一,要以成本最小化和收益最大化作为制定补贴制度的约束条件,充分估计面向农业转移人口提供的公共租赁房和货币补贴方式对农业转移人口成本收益预期的影响,设计与其收入相匹配的住房补贴动态管理模式,只有这样,才能确保动态补贴制度的公平及效率性。补贴的效率是指在一定的财政支出下,公租房补贴能够实现保值对象居住水平和福利水平的提升。补贴的公平是指补贴实施后,公租房保障边界内覆盖的不同层次保障对象的居住水平差距缩小。具体制度子模块包括:

1.强化货币补贴在农业转移人口住房保障中的作用

政府应该加大住房补贴的资金划拨,建立起较为完善的资格准入机制,更好地保障低收入人群的住房权利。

为满足农业转移人口多元化的住房需求,扩大保障覆盖范围,提高住房福利水平,课题组认为货币补贴可以从供求两方面为农业转移人口提供住房保障,并定期调整补贴标准:

(1)供给方补贴:围绕住房回归居住属性,进一步拓宽参与保障房建设开发企业的直接融资渠道,基于不同区域土地市场的异质性变化特征,对于公共租赁房的供应模式鼓励采用双轨制,即采取市场和政府保障有机结合的方式配置住房资源,强化提供差别化的低息贷款和税收优惠等政策方式引导企业、社会、个人资金参与建造公寓式农业转移人口集体宿舍,增加对农业转移人口群体的房源供应量。

发达国家的经验表明,政府—中间组织—私营机构(Public-Intermediary-Private-Partnerships,PIPP)模式是解决公共用品资金运转的有效手段(见图11.1)。对于农业转移人口可受益面更大的公租房而言,租金收益率低,为保障项目运行过程中资金的可持续性,可设计两种资金运作方式。

模式一：按照一定比例配建公租房和商用房。政府以划拨方式为公租房建设供应土地，由参与企业建造并在一定特许经营期内运营公租房，期满将其无偿交付政府；同时另以出让方式为商用房建设提供土地，由参与企业建造并出售。也就是说，采取"市场定价、分档补贴、租补分离"的方式，并给予租金收入税收减免，以保障参与企业的利益。

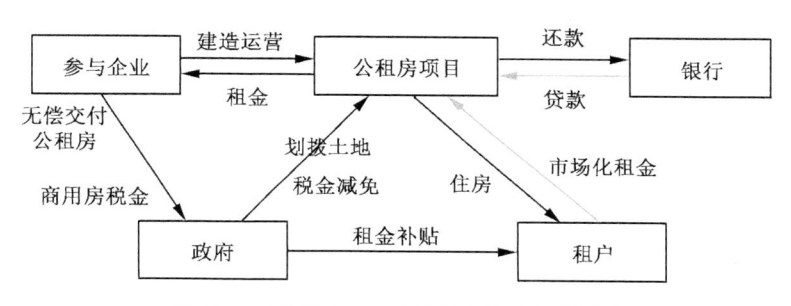

图 11.1 基于 PIPP 的公租房资金运作模式

模式二：政府通过出让方式同时为公租房和商用房建设提供全部土地，参与企业在一定特许经营期内运营公租房，期满获得政府一次性付给的公租房余值，同时出售商用房以获得收益，其他则同模式一。模式二通过出让的方式提供公租房土地，实际操作性更强，有利于参与企业的抵押融资。

（2）需求方补贴：对收入中等及中等偏下的农业转移人口提供公共租赁房，并按照住房可支付能力大小给予差异化的精准度高的货币补贴，货币补贴力度随着住房支付能力的上升而动态下调。同时加强城中村及棚户区的改造，使其更符合外来务工人员住房诉求特征，让农业转移人口群体在住房位置、面积及价格水平上有更大的选择空间，短时间内通过房地产市场找到适合自己租住的房屋，提高公共资源使用效率。若农业转移人口选择购买普通商品房，可采用贴息、减税形式，给予一次性的购房货币补贴。无论是购买经济适用房还是商品房的农业转移人口，都可享有契税优惠。

2. 对农业转移人口中的长尾群体实施住房实物补贴方式

由于农业转移人口群体内部差异性较大,集中于收入分布左端和右端的长尾群体可纳入实物补贴范围,实物补贴往往以政府为主导,房源质量和供应稳定性有较强保障,实物补贴的劣势在于会对政府财政产生较大的依赖,但长尾群体总体规模较小,总量上对政府财政资源投入强度要求适中。对于收入分布左端的极低收入长尾群体,可以提供廉租房。为了推动农业转移人口市民化进程,可逐步将共有产权房的申请范围扩大到在当地工作和居住一定年限以上,收入水平分布居于右端的长尾农业转移人口群体,为农业转移人口融入城市提供心理预期和住房权益保障。若农业转移人口选择购买共有产权房(经济适用房)或限价房,可采用赠送面积等方式给予一次性购房实物补贴。为了加大供应规模,解决各大城市共有产权房供不应求的局面,可以着眼于对内部存量进行挖掘,采取新建租赁住房、收储社会闲置存量住房、改建闲置商办用房、运营开发企业配建的租赁住房等多种途径,积极盘活存量住房用于租赁,增加市场供给,稳定住房租金。

对于新建的共有产权房,应该尽量与农业转移人口的实际住房需求相匹配,确保区位、户型和功能的合理性,并且通过政策设计鼓励这一部分人在有能力支付普通商品住房时可以尽快退出,同时要求将原住房由政府优先回购再转让给其他有自住需求的农业转移人口,切实做好共有产权房的定向供给和封闭运行,同时减少共有产权房的投资属性和对商品住房市场的冲击效应。

3. 督促企业将农业转移人口群体纳入住房公积金缴存范围内

2005年出台的《关于住房公积金管理若干具体问题的指导意见》(建金〔2005〕5号),对于进城务工人员可以申请住房公积金首次做出规定。2015年住房和城乡建设部、财政部、中国人民银行联合出台的《关于放宽提取住房公积金支付房租条件的通知》(建金管〔2015〕19号)放宽了公积金的使用范围,文件指出:"职工连续足额缴存住房公积金满3个月,本人及配偶在缴存城市无自有住房且租赁住房的,可提取夫妻双方住房公积金支付房租。"租住公共租赁住房,只需提供房屋租赁合同和租金缴纳证明即可使用住房公积金支付。但就目前的执行现状来看,还有许多不尽如人意之处:其一,对于外省市农业户口职工缴纳住房公积金无强制规定。以上海市为例,目前已规定企业必须为具有外省市城镇户口的职工缴存住房公积金,但对于外省市农业户口的职工,企业并不强制规定缴存住房公积金。但农业转移人口群体,由于是农村户口,他们并不在公积金的强制缴纳范围之内,在这种情况下绝大部分雇人企业为了降低企业成本也不会选择帮他们缴纳住房公积金。针对这一情况,应实行灵活的缴存政策,允许农业转移人口及其单位暂按较低的缴存比例,建立住房公积金账户。其二,缴纳的住房公积金利用率低,实际提取与贷款发放额比例较小。在上海除了住房公积金投资的公租房项目尚景园小区住房公积金可用于支付房租外,住房公积金基本只有当务工人员离开上海去别处务工或者购买商品房时才能支取。对于目前大量年轻的务工人员,受经济条件限制在中短期内并没有能力购房,雇工单位即使帮其缴纳住房公积金,也仅是一直沉淀在住房公积金账户内,实际提取和用于贷款发放的比例较低。

利用公积金提升农业转移人口的住房保障水平、扩大保障覆盖面,具体可以从以下几方面推进:

首先,政府有关部门应通过行政监察等手段,督促企业依法扩大职工住房公积金的覆盖面,重点敦促私营、个体等非公有制企业职工的住房公积金缴纳工作,扩大住房公积金的保障覆盖面,逐步合理提高保障水平。

其次,加强对住房公积金使用提取等相关政策的宣传和普及,引导农业转移人口积极参与缴纳和使用住房公积金,帮助农业转移人口解决在住房公积金缴存和提取时遇到的困难与纠纷。

最后,由于农业转移人口的跨区域流动性较强,为了保证其缴纳住房公积金的连续性和持久性,应当将住房公积金信息进行全国联网,降低农业转移人口异地转移、支取、使用住房公积金的难度。

4. 拓宽住房抵押贷款的融资渠道

目前我国住房抵押贷款的融资渠道较为单一，即便是住房公积金低利率购房也是只能通过商业银行来进行融资。政府应鼓励建立住房储蓄银行、抵押贷款保险等多层次的住房抵押贷款融资渠道，从多方面解决农业转移人口的购房融资问题（见表11.2）。

表11.2 农业转移人口住房多元化补贴模式

供应主体	市场性质	住房类型	主要供应对象	主要补贴方式
市场	住房一级市场、住房二级市场	新商品房、二手商品房	(1)受教育程度高、专业技能强、父辈有一定的资金积累，强烈渴望城市生活的新一代农业转移人口个人或家庭；(2)进城时间长、收入高、资产量大、适应能力强、在当地已有房产的老一代农业转移人口个人或家庭	(1)住房公积金政策保障；(2)购房税费减免；(3)优惠房贷利率
市场	住房租赁市场	普通出租屋	(1)居住地点分散、流动频繁、对居住有强烈差异化要求的个人或有随迁家人同住的新生代农业转移人口家庭；(2)工作地点不固定、有随迁家人同住的农业转移人口家庭	(1)住房公积金政策保障；(2)租金抵税；(3)与收入水平相挂钩的货币补贴
政府+用工企业	单位/园区宿舍的半市场化供应	集体宿舍	(1)长期、低价、循环出租给在企业或园区工作的农业转移人口；(2)对专业技能强、工作业绩突出的农业转移人口、工作年限长的农业转移人口匹配"租转购"优惠政策	(1)鼓励企业补贴；(2)政府给予企业一定的土地购置费等相关税费减免政策
政府+市场	半市场化供应保障房市场	开放型公共租赁房	(1)当地缴纳一定月份社保、中低收入、当地无产权房的新生代农业转移人口个人和家庭；(2)依据当地经济需求，设置紧缺型工作岗位，对于签订长期用工合同的新生代农业转移人口予以优先考虑	(1)在公租房中设置一定比例专供农业转移人口，向农业转移人口适度倾斜，规避农业转移人口与本地市民共同竞争时的劣势性；(2)覆盖面广，实行动态准入和退出机制
政府+市场	半市场化供应保障房市场	共有产权房、限价房	在当地无产权房或产权房面积极小、缴纳一定期限社保、有居住证或当地户籍、中高收入农业转移人口家庭	对于共有产权人超过限售年限后拟出售的共有产权房积极开展政府回购，实现实物补贴的循环利用
政府	非市场化供应保障房市场	廉租房	人均收入极低、住房面积极少、有特殊贡献的农业转移人口个人或家庭	覆盖面小，推动实行动态准入和退出机制，逐步缩小规模实现与"公租房"并轨

(四)农业转移人口住房保障的建设、管理、监督制度构建

农业转移人口住房保障制度的建设、管理和监督是一个以政府主导并包含开发商、农业转移人口、城市居民等多方利益主体的动态博弈过程。制定农业转移人口住房保障的建设、管理、监督制度的首先需厘清保障房代理产权、保障权、经营管理权的边界。无论是共有产权房、廉租房还是公共租赁房，它们的产权均全部或部分归国家所有，而国有产权职能由各级政府行使。政府可要求各级住房保障管理部门在享有代理产权的同时承担住房保障权，制定住房保障政策并监督实施效果，实现所有权和保障权的统一，形成完备的住房保障功能体系。具体包括由保障权所派生的对保障房申请人资格的审核认定，确定租售合约，到期劝退清理等权利。在所有权和保障权合二为一的情况下，便于明确代理主体来代表政府签订租售合约。

在住房保障启动初期，政府需要通过直接干预的方式主导保障房建设、管理与监督。随着保障房资源规模的增长，住房保障建设、管理、监督机制相对成熟后，政府更多应采取间接干预措施调节保障性住房供需。在保障房建设阶段，政府主要通过贷款优惠激励开发商参与保障房项目，通过贷款利息减免降低开发商建设成本。当保障房交付使用后，为提升保障房的运营保障能力，更需要地方政府采取外包购买公共服务或者采取政府和社会资本合作（PPP）模式，将由政府投资建成的保障房交由专业化的企业进行运营管理，以不断提升保障房的管理和公共服务水平。

农业转移人口保障房的建设、管理和监督还需要最大限度借用社会资源。企业单位作为农业转移人口群体创造财富的直接受益者，在农业转移人口群体住房保障中应给予必要支持。保证企业绩效的同时，尽力提高现有的农业转移人口群体住房条件。在短期看，企业建造职工集体宿舍会增加开支，但是长期来看，随着保障房的循环使用，住房保障成本分摊到使用各期中，并不会对正常经营的企业带来极大的成本负担。当地居民的空置房和出租商品房同样可成为公共租赁房的市场供应者在农业转移人口住房保障体系中发挥参与作用，鼓励更多的社会资金通过多

元化的形式参与农业转移人口租赁住房的建设,有利于保障房源的可持续性供应,有利于维护住房保障政策的稳定与连贯性。

保障房的建造、管理和监督涉及政府、开发商、保障房申请使用者、城市居民等多方利益主体,他们之间存在着严重的信息不对称,这就要求各级政府协力制订并监督执行农业转移人口保障房申请事前与事后的相关细则:其一,公布保障房屋质量标准、承租人权益保障法等严格保障房市场准入规则,规范保障房供应者及使用者主体行为;其二,建立保障信息发布制度、保障房租售价格评估制度,推进市场化住房资源向农业转移人口保障房资源的交互转换机制的形成;其三,制订违反法律法规的惩戒方案,制裁扰乱保障房市场的不正当竞争者,保护农业转移人口的住房权得以实现。

(五)提升农业转移人口城市融入水准的配套制度建设

1. 促进农村承包地和宅基地有偿退出机制与城市住房保障机制的有效对接

农业部曾多次强调"不能强制农民放弃土地来作为进城落户的先决条件,农民带着土地权利进城成为新市民是保护农民利益的需要"。但是对于自愿"放弃承包地,放弃宅基地"的失地农业转移人口,在城市住房保障政策制定过程中应适当向他们倾斜,在申请公租房轮候时可享有一定的优先权,在城市购房时可享受一定的税收减免或一次性补偿,以及实现承包地、宅基地有偿退出机制与城市住房公积金保障机制的有效对接。

2. 推进住房福利和户籍身份脱钩,大城市探索与"积分制"挂钩的住房保障制度

均等化住房保障制度的推进需要以住房福利和户籍身份脱钩为前提条件。尤其是落户门槛较高的大中城市,需要积极探索与"积分制"挂钩的住房保障制度,使户籍身份与住房福利资源相脱钩。消除户籍歧视是缩小城乡流动人口间住房选择差距的必要措施。为了避免户籍"世袭"化,除了建立城乡统一的户籍登记制度消除身份区隔外,还应针对当地农业转移人口流动和住房需求特征制定城乡流动人口差异化的落户政策,

对农业转移人口的身份转换、职业养成、市民资格准入配套一定的实体和程序制度,顺利实现农业转移人口市民化的转变,实现住房保障模式的城乡衔接和整体推进。

3. 推进城乡教育资源均等化分布,以教育公平推进住房保障资源配置公平

推进城乡教育资源一体化和均等化分布,整合城市优质教育资源与偏远农村地区共享,补足进城务工农民的教育禀赋劣势,以教育公平推进农业转移人口在城市住房保障资源获得中的机会公平和结果公平。农业转移人口市民化是中国由传统农业社会向现代城市社会转型的核心环节。充分考虑农业转移人口在城市中长期留居的意愿,为避免他们在当地产业结构升级中被淘汰,政府一方面要在产业结构调整中为他们创造更多的就业机会,另一方面应加强对农业转移人口的终身职业技能培训,以减少无效率的频繁职业转换和跨地区流动,提升农业转移人口长期安居城市的意愿与预期,使其能在城市中工作生活进行提前安排与长期规划。

4. 建立覆盖家庭随迁人员的教育和医疗福利保障制度

建立和完善覆盖农业转移人口家庭的基本公共服务体系,为家庭式流迁人员提供配套的教育和医疗福利保障制度。对农业转移人口随迁子女较为集中的学校可以推进同城共建,促进地域文化交融。覆盖家庭随迁人员的教育和医疗福利保障制度的建立,一方面可以满足农业转移人口家庭医疗及子女教育等现实需求,另一方面教育、医疗等配套措施会与住房保障制度形成良好的交互作用,全面减轻农业转移人口家庭在城市中的生活负担,提升农业转移人口家庭举家迁移的能力和城市生活融入水准。

参考文献

[1]Arnott R J. A Filtering Model with Steady-State Housing[J]. *Social Science Electronic Publishing*,1998,27(4—5):515—546.

[2]Buitelaar E,De Kam G. The Emergence of Inclusionary Housing:Continuity and Change in the Provision of Land for Social Housing in the Netherlands[J]. *Housing,Theory and Society*,2012,29(1):56—74.

[3]Chen Jie,Yao Lingzhen,Wang Hongwei. The Development of Public Housing in Post-Reform Urban China[J]. *China & World Economy*,2017,25(4):60—77.

[4]Gan X,Zuo J,Ye K,et al. Are migrant workers satisfied with public rental housing? A study in Chongqing,China[J]. *Habitat International*,2016,56:96—102.

[5]Guo J Y,Bhat C R . Operationalizing the concept of neighborhood:Application to residential location choice analysis[J]. *Journal of Transport Geography*,2007,15(1):31—45.

[6]Hanushek E A,Quigley J M . The dynamics of the housing market:A stock adjustment model of housing consumption[J]. *Journal of Urban Economics*,1979,6(1):90—111.

[7]Hu F Z Y,Qian J. Land-based finance,fiscal autonomy and land

supply for affordable housing in urban China: A prefecture-level analysis [J]. *Land Use Policy*, 2017, 69: 454—460.

[8] Jacob B A, Ludwig J. The Effects of Housing Assistance on Labor Supply: Evidence from a Voucher Lottery [J]. *American Economic Review*, 2008, 102(1): 272—304.

[9] Kim I J, Kim G Y, Yoon J. Estimation of the tenants' benefits residing in public rental housing with unit size constraint in Korea [J]. *Urban Studies*, 2004, 41(8): 1521—1536.

[10] Olsen E O. Housing Programs for Low-Income Households [J]. *Nber Working Papers*, 2001.

[11] Partridge M D, Rickman D S, Ali K, et al. Agglomeration spillovers and wage and housing cost gradients across the urban hierarchy [J]. *Journal of International Economics*, 2009, 78(1): 126—140.

[12] Phelps E S. The Statistical Theory of Racism and Sexism [J]. *American Economic Review*, 1972, 62(4): 659—661.

[13] Quigley J M, Raphael S. Is Housing Unaffordable? Why Isn't It More Affordable? [J]. *Journal of Economic Perspectives*, 2004, 18(1): 191—214.

[14] Rosenthal S S. Are Private Markets and Filtering a Viable Source of Low-Income Housing? [J]. *American Economic Review*, 2014, 104(2): 687—706.

[15] Sengupta U. Privatization and Liberalization of Public Rental Housing in Kolkata [J]. *Cities*, 2006, 23(4): 269—278.

[16] Stark O, Taylor J E. Migration Incentives, Migration Types: The Role of Relative Deprivation [J]. *Economic Journal*, 1991, 101(408): 1163—1178.

[17] Stern G N. The Employment of Married Women in the United Kingdom 1970—1983 [J]. *Economica* (New Series), 1990, 57(226):

171—199.

[18]Waddell P,Berry B J L,Hoch I. Housing Price Gradients:The Intersection of Space and Built Form[J]. *Geographical Analysis*,1993,25(1):5—19.

[19]Wang S. Lee,Erik Beecroft,Mark Shroder. The impacts of welfare reform on recipients of housing assistance[J]. *Housing Policy Debate*,2005,16(3—4):433—468.

[20]Weidemann S,Anderson J R. A Conceptual Framework for Residential Satisfaction[M]//*Home Environments*. Springer US,1985:153—182.

[21]Weiping Wu. Migrant Intra-urban Residential Mobility in Urban China[J]. *Housing Studies*,2006,21(5):745—765.

[22]Westendorff D G. More Urban,Less Poor:An Introduction to Urban Development and Management[J]. *Development in Practice*,2007,17(3):461—463.

[23]Yiping Fang. Residential Satisfaction,Moving Intention and Moving Behaviours:A Study of Redeveloped Neighbourhoods in Inner-City Beijing[J]. *Housing Studies*,2006,21(5):671—694.

[24]Zhang C,Jia S,Yang R. Housing Affordability and Housing Vacancy in China:The Role of Income Inequality[J]. *Journal of Housing Economics*,2016,33:4—14.

[25]Zhang Q,Xu Y. Affordable Housing or Public Rental Housing:Rethink on Housing Guarantee Policy Reform[J]. *Journal of Public Management*,2010,7(4):86—88.

[26]蔡昉.中国城市限制外地民工就业的政治经济学分析[J].中国人口科学,2000(4):1—10.

[27]陈杰、农汇福.保障房挤出效应的存在性及其时空异质性:基于省级面板门限模型的证据[J].统计研究,2016,33(4):27—35.

[28]陈卓,陈杰.租住家庭占比、租房供应主体与房价[J].统计研究,2018(7):30—39.

[29]陈杰,胡明志.共有产权房:住房供给侧改革何以发力[J].探索与争鸣,2017(11):112—117.

[30]陈钊,陆铭,陈静敏.户籍与居住区分割:城市公共管理的新挑战[J].复旦大学学报:社会科学版,2012,54(5):77—86.

[30]崔光灿,廖雪婷.产权支持与租赁补贴:两种住房保障政策的效果检验[J].公共行政评论,2018(2):20—35,189—190.

[31]邓曲恒.城镇居民与流动人口的收入差异——基于 Oaxaca-Blinder 和 Quantile 方法的分解[J].中国人口科学,2007(2):8—16.

[32]高波.房价波动、住房保障与消费扩张[J].理论月刊,2010(7):5—9.

[33]宫兵,姚玲珍.中国城镇保障性住房建设政府投入价值测算——以 2009—2015 年安居工程为例[J].财政研究,2018(1):78—91.

[34]国家统计局.农业转移人口监测调查报告(2010—2017).

[35]何熠华,杨菊华.安居还是寄居?不同户籍身份流动人口居住状况研究[J].人口研究,2013,37(6):17—34.

[36]华伟,汪歆沁.求解住房保障资金难题[J].探索与争鸣,2011(10):59—61.

[37]黄静,石薇.城市公共品在住房价格中的资本化效应测度——以上海市为例[J].城市问题,2015(11):69—78.

[38]黄志岭.城乡户籍自我雇佣差异及原因分析[J].世界经济文汇,2012(6):111—119.

[39]李强.农业转移人口与中国社会分层[M].北京:社会科学文献出版社,2012.

[40]李世龙.新生代农民工住房满意度影响因素与对策研究[J].重庆大学学报:社会科学版,2015,21(5):44—50.

[41]李志刚,吴缚龙.转型期上海社会空间分异研究[J].地理学报,

2006,61(2):199－211.

[42]林晨蕾,郑庆昌.公共服务均等化视角下新生代农业转移人口住房保障模式选择[J].理论与改革,2015(3):70－73.

[43]吕萍,周滔.农业转移人口住房保障问题认识与对策研究[J].城市发展研究,2008,15(3):110－114.

[44]孟凡强,初帅,李艳.城乡工资差异的教育溯源:基于前市场歧视的视角[J].中央财经大学学报,2018(2):88－98.

[45]欧阳力胜.新型城镇化进程中农业转移人口市民化研究[D].北京:财政部财政科学研究所,2013.

[46]申卫星.基本住房保障法立法使命解析[J].中国法律:中英文版,2011(1):35－38.

[47]石薇,王洪卫,谷卿德.公租房建设资金可持续运作研究[J].城市问题,2014(12):70－77.

[48]苏勇.基本住房保障立法及相关民事权利研究[D].成都:四川大学,2011.

[49]眭海霞,陈俊江.新型城镇化背景下成都市农业转移人口市民化成本分担机制研究[J].农村经济,2015(2):119－123.

[50]孙婧芳.城市劳动力市场中户籍歧视的变化:农业转移人口的就业与工资[J].经济研究,2017(8):171－186.

[51]汪润泉,刘一伟.住房公积金能留住进城流动人口吗?[J].人口与经济,2017(1):22－34.

[52]王星.市场与政府的双重失灵——新生代农业转移人口住房问题的政策分析[J].江海学刊,2013(1):101－108.

[53]王伟,陈杰,艾玮依.新生代农业转移人口在三四线城市定居意愿及其影响机制研究——基于2014年长三角地区流动人口动态监测数据的考察[J].华东师范大学学报:哲学社会科学版,2016(4):30－37.

[54]魏东霞,谌新民.落户门槛、技能偏向与儿童留守——基于2014年全国流动人口监测数据的实证研究[J].经济学,2018,17(2):549－

578.

[55]魏玮,陈杰.加杠杆是否一定会成为房价上涨的助推器?[J].金融研究,2017(12):48—63.

[56]魏玮.城市外来务工人员住房支付能力及其影响因素[J].城市问题,2015(11):98—103.

[57]魏玮.非居住物业管理的矛盾纠纷及其化解[J].城市问题,2014(1):71—76.

[58]魏玮.农业转移人口房租压力的代际差异研究——来自均值分解和分位数分解的证据[J].江西财经大学学报,2020(11):85—98.

[59]邢春冰,罗楚亮.农业转移人口与城镇职工的收入差距[J].数量经济技术经济研究,2009(10):74—86.

[60]严善平.城市劳动力市场中的人员流动及其决定机制[J].管理世界,2006(8):8—17.

[61]杨巧,李鹏举.新生代农业转移人口家庭发展能力与城市居留意愿——基于2014年"流动人口动态监测调查"数据的实证研究[J].中国青年研究,2017(10):50—56,49.

[62]张昕,张宇祥.典型国家和地区住房保障政策的经验与启示[J].宏观经济研究,2008(3):77—79.

[63]张永岳,崔裴.将廉租房与公租房并轨[J].科学发展,2013(11):101—103.

[64]郑思齐,廖俊平,任荣荣等.农业转移人口住房政策与经济增长[J].经济研究,2011(2):73—86.

[65]邹静,陈杰,王洪卫.社会融合如何影响流动人口的居住选择[J].上海财经大学学报,2017,19(5):64—79.

[66]邹一南.城市户籍管制放松与外来人口购房行为相关性研究[J].上海经济研究,2017(5):98—106.

附 录

近年全国及部分地区颁布的住房保障相关政策一览

地区	年份	政 策	重要政策内容
国家层面住房保障制度	2014	《城镇住房保障条例（征求意见稿）》	1. 保障范围：征求意见稿明确城镇住房保障范围为城镇家庭和在城镇稳定就业的外来务工人员。 2. 保障措施：明确要求编制住房保障规划和年度计划，对保障性住房要优先安排用地，优先安排在交通便利、公共设施较为齐全的区域，并配套建设相关设施
	2015	十八届五中全会	会议提出以人为本加快新型城镇化建设，这是"十三五"时期的一项重要任务。在新型城镇化建设过程中，应当高度重视、尽可能加快农业转移人口市民化进程
	2015	《关于放宽提取住房公积金支付房租条件的通知》	保障措施：职工连续足额缴存住房公积金满3个月，本人及配偶在缴存城市无自有住房且租赁住房的，可提取夫妻双方住房公积金支付房租。租住公共租赁住房，提供房屋租赁合同和租金缴纳证明；租住商品住房，提供本人及配偶名下无房产的证明
	2015	《关于住房公积金异地个人住房贷款有关操作问题的通知》	保障措施：缴存城市公积金中心（含分中心，下同）负责审核职工缴存和已贷款情况，向贷款城市公积金中心出具书面证明，并配合贷款城市公积金中心核实相关信息
	2016	"十三五"规划纲要	加快农业转移人口市民化。深化户籍制度改革，放宽城镇落户条件，建立健全"人地钱"挂钩政策
	2016	《推动1亿非户籍人口在城市落户方案》	1. 保障范围：除极少数超大城市外，全面放宽农业转移人口落户条件。以农村学生升学和参军进入城镇的人口、在城镇就业居住5年以上和举家迁徙的农业转移人口以及新生代农业转移人口为重点，促进有能力在城镇稳定就业和生活的农业转移人口举家进城落户。 2. 保障措施：推进居住证制度覆盖全部未落户城镇常住人口。切实保障居住证持有人享有国家规定的各项基本公共服务和办事便利。鼓励地方各级政府根据本地实际不断扩大公共服务范围并提高服务标准，缩小居住证持有人与户籍人口享有的基本公共服务的差距
	2017	《"十三五"推进基本公共服务均等化规划》	1. 保障范围：基本住房保障。将在城镇稳定就业的外来务工人员等符合当地城镇居民公租房准入条件的，纳入公租房保障范围。保障人民群众得到基本公共服务的机会，而不是简单的平均化。 2. 保障措施：保障必要用地需求、实施财税优惠政策、加大融资支持力度、合理确定住房价格

续表

地区		年份	政策	重要政策内容
特大城市	北京	2014	《关于进一步加强廉租住房与公共租赁住房并轨分配及运营管理有关问题的通知》	保障措施:(1)统筹房源分配。市、区县政府全额投资建设、收购的廉租住房,优先面向廉租住房实物配租家庭公开配租,在实现廉租住房实物配租家庭应保尽保的前提下,各区县可将剩余廉租住房作为公共租赁住房面向保障性住房申请家庭配租。(2)统一租金定价。廉租住房与公共租赁住房并轨后,统一执行公共租赁住房租金标准
		2015	《关于进一步加强公共租赁住房分配管理的通知》	保障措施:(1)符合条件的保障性住房备案家庭可在公告规定的期限内,持备案通知单直接向产权单位申请承租,并按照政策享受租金补贴。(2)为提高房源配置效率,充分发挥公共资源效用,产权单位公告规定的申请期限届满后仍未配租的房源,可以面向社会单位组织本市城镇户籍无房职工集体租赁
		2017	《北京市共有产权住房管理暂行办法》	1. 保障范围:房源优先配售给项目所在区户籍和在项目所在区工作的本市其他区户籍无房家庭,以及符合本市住房限购条件的、在项目所在区稳定工作的非本市户籍无房家庭。 2. 保障措施:共有产权住房项目的销售均价,应低于同地段、同品质普通商品住房的价格,以项目开发建设成本和适当利润为基础,并考虑家庭购房承受能力等因素综合确定
	上海	2013	《上海市市筹公共租赁住房准入资格申请审核实施办法》	1. 保障范围:持有上海市居住证达到二年以上,在沪连续缴纳社会保险金达到一年以上,且与本市单位签订一年以上劳动合同;持上海市居住证或上海市临时居住证,在沪缴纳社会保险金,与本市单位签订二年以上(含二年)劳动合同,且单位同意由单位承租公共租赁住房。 2. 保障措施:享受公租房政策
		2013	《关于本市廉租住房和公共租赁住房统筹建设、并轨运行、分类使用的实施意见》	保障措施:(1)房源统一建设筹措,分类安排使用。(2)申请条件统一审核,分类供应配租。(3)租赁价格统一制订,分类补贴租金
		2016	《关于进一步完善本市住房市场体系和保障体系促进房地产市场平稳健康发展的若干意见》	保障措施:严格执行商品住房项目配建不少于5%保障性住房政策。其中,外环以内配建房源一律作为公共租赁住房使用,不得上市转让,只租不售;产业类工业用地配套建设租赁房等生活服务设施的,其建筑面积占项目总建筑面积的比例从7%提高到不超过15%;利用轨道交通场站"上盖",配建人才公寓(公共租赁住房);鼓励符合条件的企业单位自建人才公寓(单位租赁房),向职工出租

续表

地区		年份	政　策	重要政策内容
特大城市	上海	2017	《上海市住房发展"十三五"规划》	保障措施：(1)多渠道筹措公共租赁住房，完善保障性住房供应。(2)分配机制健全实物和货币补贴相结合的保障方式，多渠道保障和改善市民基本居住条件。(3)健全保障性住房轮候供应机制，进一步优化轮候选房的运作模式
		2018	《关于进一步完善本市共有产权保障住房工作的实施意见》	1. 新增保障人群：持有上海市居住证且积分达到规定标准分值、已婚、在上海无住房、在上海连续缴纳社会保险或个人所得税满5年、符合共有产权保障住房收入和财产准入标准的非户籍常住人口。2. 保障措施：(1)根据房源建设进度，抓紧安排建设任务指标，加大共有产权保障住房建设用地供应。适当提高保障性住房项目容量，确保房源及时建设和供应。(2)按照"全市统筹、属地管理"的原则，完善市、区协调推进机制
		2018	《关于发展租赁型职工集体宿舍的意见(试行)》	1. 保障范围：城市运行和服务保障行业务工人员。2. 保障措施：(1)租赁型职工集体宿舍不得分割销售或变相"以租代售"，人均使用面积不得低于4平方米，每间宿舍居住人数不得超过8人。(2)运营主体应当将租赁型职工集体宿舍对接趸租给用工单位，不得直接面向个人或家庭出租。单次租赁合同期限一般不超过3年，最长不超过5年，鼓励租赁双方就租赁合同一年一签
	重庆	2010	全市国土资源和房屋管理工作会	保障措施：推行以公租房为主的"5+1"保障性住房体系，即以公租房为主，与廉租房、经济适用房、危旧房和棚户区改造安置房、城中村改造安置房以及农业转移人口公寓五种保障方式并举，力争实现城市低收入群众住房保障"全覆盖"
		2013	《关于加强公租房社区居民委员会建设工作的通知》	1. 保障范围：公租房居民。2. 保障措施：做好基本公共服务覆盖到社区工作。依托"一站式"社区工作服务平台，将劳动就业、社会保险、福利救助、教育医疗、计生防疫、社区安全、法律服务、科普宣传、流动人口服务管理等政府基本公共服务覆盖到公租房社区
		2016	《重庆市公共租赁住房管理实施细则》	1. 保障范围：大中专院校及职校毕业后就业和进城务工及外地来主城区工作的无住房人员。2. 保障措施：(1)公共租赁住房的租金标准由市物价部门会同相关部门研究确定，原则上不超过同地段、同品质、同类型普通商品房市场租金的60%。(2)承租人应当每2年向市公共租赁房管理局申报住房、收入情况，未按规定申报的，视为放弃租赁住房，合同终止

续表

地区		年份	政策	重要政策内容
特大城市	重庆	2018	《重庆市主城区统筹实施住房保障工作方案》	1. 保障措施:加快公租房竣工分配和使用,统筹实施住房保障。2018—2020年,每年提供2万套,共6万套公租房面向符合条件的保障对象分配;在满足保障需求后,每年提供0.5万套,共1.5万套公租房用作棚户区改造、土地房屋征收、D级危房搬迁过渡等安置房
	西安	2014	《西安市租赁型保障房建设管理实施办法(试行)》	1. 保障范围:扩大为本市城镇中等以下收入住房困难家庭和新就业职工、有稳定职业且在本市居住一定年限的外来务工住房困难人员。2. 保障措施:基础租金:为同地段同品质房屋市场租金九成。通过实物配租和租赁补贴的保障方式,提升西安市住房保障精细化管理水平,保障对象申请审核更加便捷,房源选择范围更大
		2015	《西安市住房公积金提取实施细则》	1. 保障对象:提取条件和对象新增职工及配偶在西安市行政区域内无房产,租住本市住房的,本人及配偶可以提取。2. 保障措施:职工租住公共租赁住房的提取额度:个人账户应保留三个月缴存额,夫妻双方提取额合计不得超过当年实际房租支出。申请时限:提取人应当自租金缴纳证明开具之日起一年内申请提取,每年(同一公历年度)可提取一次
		2016	《西安市人民政府关于进一步促进房地产市场持续平稳健康发展有关问题的通知》	严控投机炒房。在支持居民首套和改善型住房需求的总基调下,自2017年1月1日起,本市及非本市户籍居民家庭(包括夫妻双方及未成年子女),在本市城六区(新城、碑林、莲湖、雁塔、未央、灞桥区)范围内只能新购一套住房(含新建商品住房和二手住房)。强化对个人住房贷款首付资金来源的审核及借款人还款能力的审查,严禁将消费类贷款、经营类贷款和信用类贷款等用作购房首付款
		2017	《关于集体申请租赁型保障房有关问题的通知》	1. 保障对象:新就业职工、外来务工人员。2. 保障措施:(1)集体申请租赁型保障房的员工(即居住人),须与用工单位签订劳动(聘用)合同,劳务关系稳定,个人月收入应低于我市上年度城镇居民人均月收入水平,且本人在我市城六区内无自有产权住房。(2)各承租人申请原则上不得少于10套,每套允许多人合租,但人均住房面积不低于17平方米
		2018	《西安市深化住房供给侧结构性改革实施方案》	1. 保障目标:解决城市中低收入住房困难家庭、各类人才、院校毕业生、农业转移人口住房问题和相应的子女入学、就医等配套问题。2. 保障措施:自2018年起,全市20%的居住用地,用于公共租赁住房(以下简称"公租房")建设,重点解决城市中低收入住房困难家庭、各类人才、院校毕业生、农业转移人口住房问题和相应的子女入学、就医等配套问题;20%的居住用地,用于限地价、限售价的"双限房"建设,以共有产权的形式,解决中等以下收入住房困难家庭和无自有住房各类人才的居住问题

续表

地区		年份	政策	重要政策内容
大城市	宁波	2013年	《关于大力发展公共租赁住房进一步完善住房保障体系的若干意见》	保障措施:大力发展公共租赁住房。多种方式筹集公共租赁住房。推行公共租赁住房配建模式。引导村集体、园区和社会力量建设公共租赁住房。确保用地供应。增加政府投入。加大融资支持。加强建设管理
		2016	《宁波市人民政府关于进一步推进户籍制度改革的实施意见》	1. 保障范围:在县级市市区、县人民政府驻地镇(街道)和其他建制镇(街道)有合法稳定住所(含租赁)的人员,本人及其共同居住生活的配偶、未成年子女(包括无生活来源的未婚子女,下同)、父母,可以在当地申请登记常住户口。(市公安局、市发改委等负责。) 2. 保障措施:进城镇落户的农民,享有和城镇居民同等住房救助和住房保障;未在城镇落户的农业转移人口,按照合法稳定就业和合法稳定住所、参加社会保险年限、连续居住年限等条件,逐步纳入城镇住房保障体系,采取多种方式保障农业转移人口基本住房需求
		2017	《关于做好户籍制度改革推进中住房保障工作的指导意见》	保障措施:各地各部门要认真贯彻《宁波市人民政府关于进一步推进户籍制度改革的实施意见》中"进城镇落户的农民,享有和城镇居民同等住房救助和住房保障"的政策规定,加大资金等要素的筹集力度,切实将在城镇落户的农业转移人口有效纳入当地住房保障体系,享受和城镇居民同等的住房保障待遇,并实行统一的申请审核流程、住房保障标准和后续监管服务
		2017	《关于全面推进城镇住房保障"最多跑一次"改革的意见》	保障措施:目前各地均已实现城镇住房保障业务申请受理常态化,各地要尽量考虑方便群众办事,积极优化调整受理窗口的布局,尽可能实现就近受理;对于引进人才、外来务工人员等群体,可由用人单位汇总后统一提出申请。要全面梳理现有申请审核各工作环节,重新进行合理设置,能"并联"的尽量"并联",积极探索推进部门相关信息系统和数据信息的互联互通,充分优化城镇住房保障全流程
		2018	《宁波市区户口迁移实施细则(试行)》	保障范围:(1)居住性落户:在本市合法稳定就业,按规定参加本市社会保险满5年,并且本人或配偶在市区城镇范围内有合法稳定住所的,提供以下证明材料可在合法稳定住所所在地申请登记常住户口。(2)政策性落户:对农村学生升学和参军进入城镇的人口,在城镇就业居住5年以上和举家迁移的农业转移人口,新生代农业转移人口等有能力在城镇稳定就业和生活的人员,护理人员等具有专业技能、从事特殊职业群体,具有专业技术职称、技能等级的人员,合理设置倾斜性分值和权重

续表

地区		年份	政策	重要政策内容
大城市	长沙	2015	《长沙市人民政府关于推进长沙市公共租赁住房和廉租住房并轨运行的实施意见》	1. 保障范围:本市城区中等偏下收入住房困难城市户籍家庭、新就业无房职工、外来务工人员,按公共租赁住房政策申请实物配租。非本市城区户籍的新就业无房职工、外来务工人员申请公共租赁住房保障需提供居住证。 2. 保障措施:(1)统一实行差别租金标准。(2)统一保障对象。原廉租住房保障对象统一并入公共租赁住房保障对象范围。(3)统一保障房源。将我市历年通过新建、改建、收购、租赁等方式筹集的廉租住房统一并入公共租赁住房房源(统称为公共租赁住房),按照公共租赁住房有关规定进行统一管理
		2016	《关于加快培育和发展住房租赁市场的实施意见》	1. 保障范围:已纳入公积金政策覆盖范围的农业转移人口、个体工商户和职工。 2. 保障措施:连续足额缴存住房公积金满3个月,本人及配偶在缴存城市无自有住房且已承租居住的,可凭租赁备案证明和无房证明提取夫妻双方住房公积金支付房租
		2017	《关于进一步加快发展公共租赁住房的工作意见》	1. 保障范围:非定向配租公共租赁住房,主要用于解决低收入及中等偏下收入的本市城区城市户籍家庭、中等偏下收入的新就业无房职工和外来务工人员的居住问题。 2. 保障措施:多渠道筹集房源。公共租赁住房可以通过购买、改建、新建、配建、合建、长期租赁等方式,多渠道筹集房源
中小城市	湖州	2012	全市户籍制度改革新闻通报会	湖州市正式实施常住人口户口性质的数据转换,取消"农业"与"非农业"户口性质差别,全市263.7万名市民统一登记为居民户口,从2013年1月1日起,同时,湖州市将启用新的户籍政策和公共配套政策,这标志着湖州市正式结束二元制户口体制,迈入城乡户口一元制新时代,在全国率先完成户籍制度改革
		2015	《关于进一步放宽租赁住房提取住房公积金条件的规定》	1. 保障范围:蚌埠市正常缴存住房公积金满3个月的职工,或封存账户中有公积金缴存余额的职工。 2. 保障措施:职工本人可每月办理提取,首次可一次性提取在租期内前6个月(含当月)的可提额度
		2017	《湖州中心城区公共租赁住房保障实施细则》	1. 保障范围:保障外来务工人员和新就业无房职工。 2. 保障措施:(1)降低户籍要求。(2)放宽申请人收入要求。公租房申请的年人均收入从36 000元调整为42 000元
		2018	湖州市户口迁移新政	保障范围:(1)有合法稳定住所的人员。有合法稳定住所的人员,可以在房屋所在地落户。与其共同居住生活的配偶、未成年子女和未婚子女可以随同迁移落户。其中整户迁往城镇社区的,原同户人员可随同迁移落户。(2)具有初级以上职业资格(含职业技能等级)、专业技术职称或全日制大专(含职业院校)以上学历的人员、留学归国人员,可以就业地落户

续表

地区		年份	政策	重要政策内容
中小城市	蚌埠	2013	《蚌埠市保障性住房建设管理暂行办法》	1. 保障范围:(1)大中专院校毕业生应是外籍户口或毕业入户于本市,自毕业时起未满5年;在本市签订2年以上就业合同,并缴纳社会保险;在本市无住房。(2)来蚌埠务工人员。应具有中级以上职称和在本市签订劳动合同并就业2年以上;缴纳社会保险2年以上;在本市无住房。 2. 保障措施:在所有挂牌出让和划拨土地的新建普通商品住房、棚户区(危旧房)改造等项目中,均要配建15%的保障性住房
		2015	《蚌埠市公共租赁住房保障实施办法》	1. 保障范围:蚌埠市公共租赁住房面向城镇中等以下收入住房困难家庭和新就业大中专院校毕业生、外来务工人员等。 2. 保障措施:公共租赁住房保障实行实物配租和租赁补贴方式相结合。根据保障对象的家庭人口、性别、代际结构等情况,合理确定具体户型。住房租赁补贴的面积标准和每平方米租赁补贴标准,根据行政区域家庭平均住房水平、财政承受能力,以及市场平均租金和保障对象的租金支出占家庭收入的合理比例等因素确定,实行动态管理,并向社会公布
		2016	《蚌埠市人民政府关于进一步推进户籍制度改革的实施意见》	1. 保障范围:在蚌埠市工作的外来务工人员,可以在单位集体户或者实际居住地落户。 2. 保障措施:(1)稳步推进义务教育、就业服务、基本养老、基本医疗卫生、住房保障等城镇基本公共服务覆盖全部常住人口。优化城镇布局,加快推进蚌埠市城市建设,积极引导人口向重点开发区域转移。(2)到2020年,基本建立新型户籍制度,常住人口城镇化率达到60%
		2019	《蚌埠市人民政府办公室关于进一步完善公共租赁住房运营管理工作的通知》	1. 保障范围:公共租赁住房供应对象为符合条件的城镇低保、低收入、中等偏下收入住房困难家庭,新就业大中专院校毕业生和各类引进人才,外来务工人员(含农业转移人口)。 2. 保障措施:对于符合公共租赁住房保障条件的住房困难家庭,可在签订承租合同后,根据家庭经济状况申请部分或全部产权购买所承租公共租赁住房